谭宗远 著

文人影

上海辞书出版社

图书在版编目(CIP)数据

文人影 / 谭宗远著. —上海：上海辞书出版社，2016.8

（开卷书坊. 第五辑）

ISBN 978-7-5326-4709-5

Ⅰ.①文… Ⅱ.①谭… Ⅲ.①随笔—作品集—中国—当代 Ⅳ.①I267.1

中国版本图书馆 CIP 数据核字(2016)第 165586 号

文人影

谭宗远　著

丛书策划/蔡玉洗　董宁文　责任编辑/吕荣莉

美术编辑/姜　明　技术编辑/顾　晴

上海世纪出版股份有限公司

辞书出版社出版

200040　上海市陕西北路 457 号　www.cishu.com.cn

上海世纪出版股份有限公司发行中心发行

200001　上海市福建中路 193 号　www.ewen.co

苏州越洋印刷有限公司印刷

开本 787 毫米×1092 毫米　1/32　印张 9.5　插页 4　字数 156 000

2016 年 8 月第 1 版　2016 年 8 月第 1 次印刷

ISBN 978-7-5326-4709-5/I·320

定价：38.00 元

一个安于小的人(代序)

孙　郁

作家出版社近来出版了谭宗远的随笔集《风景旧曾谙》,读了很觉亲切。我和宗远结识已久,对其文其人都很熟悉,不由得想在此说些什么。

宗远的文章很纯,是没有杂质的那一类。因为是老北京人,身心里有很深的京派气息,喜欢风物旧事、书肆墨宝、史林掌故。又因为有上山下乡的经历,在水火中走过,对世态有一番特别的体验。这两点使其文字真纯厚重,没有伪态和时尚的特点,读起来便如闻其声,像瓜棚豆架下的闲聊,有美味于斯。这样的书,现在的年轻一代,多已不做了。

北京这个地方人杰地灵,文化有贵族与平民之分。宗远自然不属贵族文人,身上带有平常人心态,亲自然而远功利,文章里透着性灵之味。宗远喜欢藏书,对白话散文别有情趣,文章也走的是现代京派文学的路子。《风景旧曾谙》是一部爱书人、写书人的心史，文字中透出对文化的深深眷恋。作者给我的印象是爱憎分明、血性刚烈，但文字中却看不出来，倒显得精致秀雅、温和清淡。多年前我曾说文与人之间，会有些差异，文字之后乃心灵的代偿。比如敦厚的人能写出狂放的诗文，狂放者会有一手纤巧的小楷，宗远正是此中之人，听其谈天，忧国忧民，慷慨激昂，而文字却安定稳健，全无愤懑之气，不知什么原因。文学的此种现象，倘总结一下，很有意思。从先秦两汉到五四，我以为就这种现象进行勾勒，说不定可找到什么规律呢。

我编副刊已经九年，宗远是认识最早的作家之一。九年不是个短数，由青年而中年，人间沧桑，一言难尽。北京这九年可谓天翻地覆，摩登楼、摩登路多得数不过来，但宗远依然如故，还是不修边幅，在书房一角谈着旧时书话。以不变而应万变，是作者的哲学，也是他的美学理想。《风景旧曾谙》没有浮躁的话题，和流行色亦不搭界。文人者，入世则易于“附逆”，出世则有隐逸之风。谭宗远是现世的隐者逸者，于闹市而择净土，处流俗而不染指小利，不是人人可以做到的。

宗远著述，安于小，不求闻达。所交之人，多为寒士平民；所写之文，又多是凡人小品、胡同人生、文人逸事。作者仰慕的作家，多已往矣，梁实秋、周作人、曹靖华、秦牧，神会已久。有过交往的张中行、汪曾祺、王世襄、严文井等等,亦多边缘中人。人一边缘,便易安静,不为俗谛所累。读《风景旧曾谙》,便想起陶渊明的诗句,觉得功名之外,自是一片天地,有沉静的美意在里。孙犁云:"一人在室,高烛并肩,庭院无声,挂钟声朗,伏案修书,任其遐想。"宗远对此追慕已久,可谓心心相印,暗有恋意。说其是孙犁私淑弟子,亦不为过吧。

文学之事,非集市叫卖,乃钱锺书所云,二三子屋中交谈之乐也。沽名钓誉,华而不实,终为天下所笑。宗远非名利场中人,学识固然不及大学教授艰深,文笔亦弗如当红作家气派,但耐得寂寞,以苦为乐,于书林史海中偷得快慰,非红尘中人可以享得。其实,为文之道,固有深浅之别,但若有素心,方可读出真义。我在劳碌之余,偶翻宗远新著,便如沐清风,欣欣然有着些许快意,不由得写下数语,以期天下同道与之齐乐。

孙郁兄这篇文章,发表于二〇〇一年三月二十八日《北京晚报》"五色土"副刊,是读了我的第一本书《风景旧曾谙》后写的感言。他事先并未告诉我,故我乍读之下,感动莫名。孙郁兄说我"安于小",可谓一语中的,我今生写不成什么大著,安于小是我最好的选择和归宿。

外国有位哲人说过:“小的是美好的。”我距美好自然遥不可及,却愿以此自励。这次,趁这本小书出版之机,将孙郁兄此文置于卷首,作为序言,一表自励之决心,二表感激之微忱,不亦宜乎。宗远附言于二〇一六年夏日午后。

1 一个安于小的人(代序) 孙郁

目录

一

3 残存的记忆
10 桥边老人汪曾祺
16 行翁今年九十二
22 贾兰坡会见记
33 送别管桦
39 扫除腻粉呈风骨
46 为了新诗
51 在译诗和写诗的道路上
63 追忆严文井
74 怀念谷林
81 淡泊·愉悦·随和——贺来新夏先生九十华诞
90 文化老人一瞥
90 小引
91 苏晨
94 任溶溶
98 峻青
101 艾明之
104 欧阳文彬
107 黄宗英

110 周退密
114 丁景唐
116 王观泉
119 宫玺
124 牛汉点滴
129 远看扬之水

二

137 玩物成家古所无
148 文物郎中
160 告别翁老
164 梁树年与张大千
168 袁鹰写歌词
174 爱乐女司徒志文
180 石夫在新疆
187 他为《林海雪原》画插图
194 无法弥补的遗憾
200 鲁谷村访彦涵
207 书生壮士之间
217 索爷的巧思

三

227 父女戏迷
232 书友徐鲁
238 忆老萧
243 情系铜墨盒
248 万羽信鸽腾空记
254 我的朋友蒋力
263 林叔叔
268 思悠悠
281 父亲的“认罪书”

289 后记

一

残存的记忆

我平常没有记日记的习惯，许多事情都忘记了，以至于现在想写一篇回忆作家王愿坚的文章，竟很困难。好在记忆尽管模糊，还没有完全消失，勉强成篇应该还不成问题。

我和王愿坚都住在北京东城的小雅宝胡同，见面挺多，但从来没说过话。初次接触是在一九八四年冬天。认识的地点很特别，是在米市大街红星电影院对过的宝泉堂浴池。

说来也巧，那天我去宝泉堂洗澡，碰上了兵团时的一个朋友。此人姓解，最善交际，在北京和呼和浩特结识了不少名人，其中就有在电影《小兵张嘎》中饰演嘎子的安吉斯一家。几年不见，我免不了要向他打听交际近况，他说他仍然常去安吉斯家，我这才知道安吉斯的母亲乌兰在全国总工会工作，就住在北京。

正聊着，一眼看见那边王愿坚也在洗澡，我便对解君说："看见没有，那就是写《党费》的王愿坚。"遂把王愿坚是谁、都写过什么说了一遍。解君听了很感兴趣，建议过去认识认识。我对名家素来怀有敬畏心理，主张算了。穿衣服时，解君先我一步离开浴室。等我出门,老远看见他正与王愿坚在走廊里攀谈。这家伙,到底不放过与名人接近的一切机会。

解君给我和王愿坚做了介绍,然后三扯两扯就扯起了乌兰,问王愿坚认识不。王说不认识,但知道这是一位抗日女英雄。解君说:"您如果有兴趣,我可以安排您和乌兰见个面,为您的创作提供点素材。"王愿坚表示写不写在其次,倒是很乐意见见面。于是,议定星期三晚上,由我陪王愿坚一道去访乌兰。

这样,算认识了王愿坚。

王愿坚是新中国成立后成长起来的青年作家,与峻青、李准、萧平、玛拉沁夫、敖德斯尔、茹志鹃、刘真等作家齐名。他的主要成就是短篇小说,数量虽不多,质量却很高,《党费》《七根火柴》《三人行》《粮食的故事》《亲人》《普通劳动者》,都是脍炙人口的名篇,好几篇都选入了中小学语文课本。他的创作曾引起前辈作家的极大关注,茅盾曾撰文盛赞《七根火柴》,叶圣陶也对《普通劳动者》给予很高的评价。但"文革"前夕,他的《亲人》也受到过不公正的批评,指责他宣扬了资产阶级"人性论"。他是"文革"中最早被点名批判的部队作家,与他同时被点名的,还有供职于军事博物馆的部队画家黄胄,罪名是喜欢画驴,被斥为"驴贩子"。

我很喜欢王愿坚的作品，无论是《党费》中为红军筹集咸菜而被捕的女地下党员黄新，《粮食的故事》中为了给山上游击队送粮食献出孩子性命的郝吉标，还是《七根火柴》中临终前交出一束火柴让战友取暖的红军战士，《亲人》和《普通劳动者》中的将军，都给我留下了不可磨灭的印象。他笔下的故事多发生在十年内战时期，地点不是江西老区，就是长征路上，人物或为老农会、老妈妈，或为游击队员、儿童团员，或为老将军、小战士……有鲜明的时代特色和地方特色。他擅长在险恶的环境之中和巨大的困难面前表现人物性格，因而，他的人物都是有血有肉的，既富有献身精神，又不乏人情味。在当代作家中，王愿坚应算是有追求又不落俗套的一个。

他是山东人，高身量，红脸膛，走路劲头挺足。平时爱穿军装，帽子有点像女兵的戴法，扣在脑后，帽檐朝上，露出宽宽的额头。脸上表情总是似笑非笑的，挺喜兴。

星期三晚饭后，我如约找到王愿坚，陪他到乌兰家去。

乌兰家在月坛附近，路上坐车要走一段时间，正好有机会聊天。我向王愿坚提了不少问题，如他的经历，《党费》是怎样写成的，他正在写什么作品等，他都做了回答。我现在只记得他是解放战争初期入的伍，搞过通讯报道，解放后多年从事《解放军文艺》和《星火燎原》丛书的编辑工作，认识许多老帅和将军，接触了大量红军时期的史料。独特的工作内容，使他萌生了写苏区和红军题材小说的念头。《党费》他写得很顺手，不到两天就完成了，后来又改了几次，没想到一发表就引起了轰动，他也一举成名，陆续又写了以后各篇。他自己并未经历过那段生活，红军长征的时候，他不过七八岁，他知道要写得像那么回事必须补课。他数次深入江西老区探访前辈足迹，调查当地的风土人情，和历经风雨的过来人交朋友，听他们回首当年。这些访问，确保了他作品的真实性。眼下，他正与人（好像是陆柱国）一起合写反映红军长征的电影剧本，进行得比较缓慢。他是八一电影制片厂编剧，兼剧本组组长。

我还向他提了个久置心头的问题，涉及丁秋生的长篇小说《源泉》。这是一部以改造国民党俘虏为题材的小说，作者在后记中曾讲明得到过王愿坚的帮助。我问王愿坚是怎么帮助丁秋生完成这部作品的。他笑了笑，说这部小说其实是他写的，丁秋生只是送来一份几万字的稿子，他觉得题材很新颖，可供开掘拓展的空间很大，可以搞成长篇。但丁秋生是位将军，不是作家，不会写小说，他是王愿坚的老领导，此事便由王代劳。王愿坚另起炉灶，重新设计人物，安排布局，设置矛盾，写成了这部二十几万字的长篇，出版时却没有署自己的名字，仍署名丁秋生。这是王愿坚一生创作的唯一一部长篇，但由于上述原因，一直不为世人所知。他在跟我谈及此事时，多少流露出一些无可奈何的感慨，我也觉得他的劳动被埋没，是件非常遗憾的事。

车到儿童医院站，我们下车，已经等候在那里的解君迎过来。虽是冬夜，并不寒冷，我们每人点燃一支烟，向乌兰住的“全总”宿舍走去。

乌兰的家在宿舍大院一幢独立的小楼里，一楼一底，很是宽敞。她是蒙古族人，虽居京日久，却仍保留着蒙古族生活习惯，保姆是蒙古族，家具是蒙古式，连脚下穿的，也是一双矮腰蒙古皮靴。

她已离休。不久前摔坏了腿，刚能下地行走。

眼前的她，已不是当年威震敌胆的“草原红司令”了，无情的岁月改变了她的容颜，头发灰白了，脸上出现了细碎的皱纹。她的个子很矮，只是那双眼睛还清澈透亮，依稀可见她年轻时的风采。

王愿坚与她握了手，说了些仰慕的话，她称王愿坚为“大作家”。

她说一口流利的普通话，我几乎怀疑她就是土生土长的北京人。后来得知她年轻时曾在北京念书，进的好像是贝满女中。她思路清晰，谈锋很健，往事就跟流水一样从她嘴里流出来，而且能整段整段地背诵旧时的歌谣。她说，她当年不过是个平平常常的小姑娘，许多人都不认识她。有一次，各支队领导一起开会，她也在座，大伙总是念叨乌兰，却不知道身边这个小姑娘就是。她也真沉得住气，坐在旁边若无其事，一声不吭。还是主持开会的程子华把她叫起来，大家才知道那个叫日寇怵头的人，竟是这么个貌不惊人的小女孩。据说她骑在马上能手使双枪，且百发百中。

她还谈起玛拉沁夫（长篇小说《茫茫的草原》作者），说小时候曾和玛拉沁夫骑在一匹马上，听他讲故事；玛拉沁夫故事真多，讲完一个又一个。

王愿坚在一边主要是听，偶尔插进一言半语。他去过乌兰打游击的地方，报出了一串地名，我只记得其中有个北票。

乌兰还向他问起田华（电影演员）、慕湘（长篇小说《晋阳秋》作者）的近况，他都作了回答。

谈话约一小时，我们起身告辞。这是我与乌兰唯一的一面，几年后，报上就登载了她去世的消息。一九九〇年，中央电视台播放了根据她的传奇经历改编的电视剧《女司令》。

跟王愿坚后来还有过一次接触，是陪北京电视台的朋友，请他出席老电影《党的女儿》主创人员座谈会（此片即根据《党费》改编）。这时才知他正在养病（好像是肝不太好），连访问南斯拉夫的活动都推掉了。他没有参加座谈会，也已经不认识我。我没有向他提起同访乌兰的事。

最后一次见他，是在朝内大街，他和夫人并肩走着，依然是红脸膛，精神很好，只是脸颊有些消瘦。这时他已担任解放军艺术学院文学系主任，据说学员们对他都很尊重。

不久，便得到他逝世的消息。

一九九三年底

桥边老人汪曾祺

北京的蒲黄榆有座立交桥，叫玉蜓桥。一九八八年六月，汪曾祺给他的第一个散文集作序，结尾写道：“我的住处在东蒲桥边，故将书名定为《蒲桥集》。东蒲桥在修立交桥，修成后是不是还叫东蒲桥，不知道。”说的就是这座桥。我有个哥哥也住在玉蜓桥边，有时我到他那儿串门，路过这座桥，望着满眼鳞次栉比的楼房，常常痴想：汪先生到底住在哪一栋楼呢？

难怪我这样想，实在是我太喜欢他的文章了。举两个小例子吧。他有一本文论集《晚翠文谈》，只印了两千七百册，为买这书我几乎踏破铁鞋，直至辗转托人，闻听“搞到了”，才觉心安。他有篇八千字小说《安乐居》，我看了不过瘾，还给家人口沫四溅地念过，念到瘸子那段独白：“……宝三，宝善林，唔唔唔，知道吗？宝三摔跤，唔唔唔。宝三的跤场在哪儿？知道吗？唔唔唔……”仍忍不住笑出眼泪。我认为，就凭这篇《安乐居》，汪先生就当稳坐京味作家首席的宝座了。汪文的好处，评论界早有定评，客观地说，他的文字是完全可以当作众生图、风俗画来看的，平淡且空灵，简练又精细，所写无非寻常人寻常事，却颇耐咀嚼，大有禅机。语言更是没挑儿，经营得恰到好处，完全到了“从心所欲，不逾矩”的化境。一句话，汪的文章大可传世，当今可与他相颉颃的作家，公平地说没有几个。这样的作家不去见见，岂不是太可惜了。

今年三月，我终于有了识荆的机会——这天很好记，恰是惊蛰前一日。

主客是这样见面的：

汪：咱们这屋坐，有个摄影师正在给我拍照，一会儿就完。

客：哎呀，太不巧了。

汪：没关系，边照边聊，两不耽误。

这是间用于会客也用于写作的房间，靠墙两个书柜、几张沙发，临窗一张写字台，上面堆着几摞书。窗台上有盆水仙，叶子还葱茏，花则有些残。墙上挂着两幅画。整个房间没一件时新家具，稍显凌乱。这样的环境和随性的主人相配得倒很契合。

眼前的汪先生个子不高，微胖，稍黑，一头醒目的银发，衣着极朴素，从头到脚找不出半点时髦的影子，也缺少风流倜傥的才子气。乍看之下，很难把他和《受戒》那样缠绵悱恻的作品联系起来。猛可地，我想起一个朋友说过的话：“汪先生的眼睛特漂亮!”便开始留心观察他的眼睛,想从中发现什么特异之处。起初没有什么太多的感觉,只觉得这双眼睛不像有些老人的那么呆滞浑浊,而是比较灵活,比较清澈。渐渐看出点意思了,这双眼睛顾盼间有时很有风采,眼光不仅清澈有神,而且带几分妩媚,确实漂亮。只是一瞬即逝,不注意甚难察觉。

相机的快门“咔嚓咔嚓”响着,汪先生没有刻意摆姿势,随便坐着和我们聊天,一任摄影师自己去捕捉镜头。

“明天是惊蛰,你们今儿就破土而出了。”他说。

“你不抽烟,你也不抽烟,你们都是好人哪。我?我可是‘无恶不作’:抽烟、喝酒、喝浓茶。”他说。

我这才知道他是个爱开玩笑的人,这在他的作品里倒看不大出。他的作品也有幽默的因子,但似乎不那么普遍、不特别突出。

他确爱吸烟,隔一会儿就要抽一支,一天要消耗一包左右。茶也喝得勤,一天得换三回叶子,且有喝早茶的习惯。问他是不是只喝绿茶,回答是不讲究,什么茶都能对付。这虽不及苦雨斋视绿茶为正宗那般高雅,在平民色彩上却更胜一筹。又询及他的日常起居、写作习惯,他说,他早上起床前总要在床上“赖”一会儿,考虑当天写什么,通常上午伏案工作,十点多钟下楼买菜,溜达溜达,权当散步。晚饭后要睡一会儿,起来后看看电视读点书。他的社会活动不少，讲课、参观、笔会、座谈，有的推也推不掉。他刚参加了梁凤仪财经小说讨论会，会前为了发言，突击读了半本《花帜》。他说《花帜》是梁最好的小说。对梁的写作速度他很表惊讶："梁凤仪真了不起，白天经商，晚上写作，一天出一万字，不用电脑，简直不可思议。"我问他一天出多少字，他笑道："也就一千字。"如果不以字数多少论英雄，我倒觉得汪的日出千字与梁的日出万字同样了不起，因为汪常能以质取胜，差不多篇篇都是佳作。

相早照完了，谈话却像没根的浮萍飘忽不定，涉及的点不少，自然也包括眼下热门的王朔现象和特区消费。汪先生认为，王朔现象可以理解，它反映了大众的一种文化需求，一概贬斥未必妥当，应该花点时间去研究。谈到特区，他以刚到过的海南为例，说那里的一切都使他吃惊，其变化之快、消费水平之高，都是他想也不敢想的。过去说"时间就是金钱"，他觉得智慧才是金钱，有了智慧，就能创造无穷的财富。他的思想受到冲击，也想变一变了。我说："您可别变，您要是也躁动起来，我们可到哪儿找宁静去呀。"汪先生如是说自然不全是玩笑，但七十多岁的人了，哪儿会说变就变，反显得我太沉不住气了。

从汪先生家出来，归途路过东单旧书店，恰巧见到一册汪先生一九六三年一月在中国少儿出版社出版的《羊舍的夜晚》。黄永玉画封面和插图,收《羊舍的夜晚》(后改名《羊舍一夕》)、《看水》、《王全》三篇小说。再访汪先生,是不是该请他谈谈这本书?

重又造访汪宅,已是六月份了,汪先生正在床上摆弄岳麓书社新印的一套《沈从文别集》。他给我们每人沏了碗茶,然后坐在沙发上。同来的有位记者,抱着采访的目的,此刻也打开了记事本。于是应记者之请,汪先生开始讲述自己的经历。

他是第几次向人家讲述自己的经历?恐怕不止十回八回了吧。在《自报家门》这篇文章中,他对走过的路作过系统的回顾。但仍然有记者向他提问,他也仍然不厌其烦地讲,讲他聪明过人的父亲,讲西南联大,讲在午门幽居的寂寞……是他特别愿意回顾过去吗?显然不是,毋宁说他是"舍命陪君子"。人家大老远跑过来访问你,怎么好意思让人家自己去看书呢?他实在不忍心这么做,不忍心叫客人失望。

当他讲到一九五八年被补划为右派,下放张家口时,我不失时机地拿出了那本《羊舍的夜晚》。这几篇小说正是他那段生活的收获。那是怎样的生活呢?老百姓常年缺吃少穿,一年中起码有半年都是"瓜菜代",苦极了。应当时少儿社的萧也牧之约,他写了这几篇小说。他没有迎合时风,写你死我活的阶级斗争,而是比较客观真实地塑造了农村少年和老人的可爱形象,今日读来仍能受到感染。但汪先生对这几篇作品却不满意,认为还是美化了生活,没有表现农民的疾苦。他发自内心的自省,令我不由想起"艺术家的良心"这句话。

汪先生,我自知远算不上您的知音,但仅凭这两次短短的接触,我却自以为了解了您。您是散淡的,有文人的清高;又是入世的,宽容地看待社会人生;您不摆架子,所以您随和,爱开一点善意的玩笑;您不搞欺诈,所以您热衷煮字,常给人间送"小温";您有太丰富的感情,对丑恶不逢迎,珍惜公道;您无遮遮掩掩的毛病,对自己苛求,敢于自剖。您是个好老头,像您这样的人,文坛上还有不少,世上更是多如星斗,这大约就是人类的希望所在吧。

汪宅的墙上挂着两幅画,一幅是南京高马得画的戏画《钟馗嫁妹》,一幅是汪先生自己去年画的《荷塘月色》:清冷的月华照数茎新荷,月朦胧,花朦胧,叶朦胧,一切皆在无言的沉睡和缥缈的梦幻中;画不着颜色,全用墨染,上面像是洇着一大片水气,堪堪要流下来。

一九九四年六月

行翁今年九十二

许久没有张中行先生的消息了，不免时常念叨。进入新世纪不几天，同事朱女士要去看他，问我去不去。当然去了。

北京刚下过雪，气温降到零下六七摄氏度，冻手冻脚的，可一进张先生家，一股热气扑面而来，皮衣马上穿不住了。张先生的二女儿告诉我们，楼里暖气烧得好，室温达到二十六度。这于老人过冬自是十分有利。

因为事先打过电话，张先生知道我们要来，当女儿唤醒他，他从床上探起半个身子看见我们时，马上叫出了我们的名字，可见脑子还好。他新理的发，新刮的脸，穿一件浅驼色毛衣、浅灰色绒裤，面容不见消瘦，精神亦算饱满，只是刚刚醒来，两只原本不大的眼睛还有点迷糊，愈发显得小了。他从床上坐起来，同我们聊天。他的老伴（跟他同岁）睡在他身边，始终没有被我们吵醒。

我还是前年十二月十六日见到过他，当时他生病不久，在三〇五医院住院，精神不振，情绪烦躁，连每天吃奶粉、麦片粥

在一次京剧活动中作者与张中行先生(中)合影(右为姚敏苏)

都成了很重的负担。同那次相比,他能恢复到目前这个水平,真不错了。这也印证了一个说法,在疾病面前,看似衰弱的高龄老人,有时反比中年人更有承受力。当然,四个女儿对他无微不至的照顾也至关重要。

他是一九〇九年生人,刚过完九十二岁生日。从去年十月起,他就不下楼了,有时在屋里走走,也是在女儿的"强迫"下,不得不走。走几步,就要到书房里坐坐,看几页书,累了,就回到床上躺躺。他说,现在感到精力不济,看见床就想躺着。还是两年多以前,他来我们单位参加一个活动,曾和吴祖光先生结伴,爬上三楼办公室找我,一点也不气喘。现在吴先生也病了,人的衰老真是无法抗拒的啊。

精力差了，写作自然也停止了。上次在医院他还为此焦虑，觉得再活着没有意义，这次已经不做此想。不过说停止也不尽然，偶尔也还写点旧诗。就在我们来的前一天，刚做得两首，我们很想看看，但他女儿说情绪太伤感，没让拿出来。他近来的得意之笔，是为季羡林九十寿辰写的对联，上联是“颂大业人皆万岁”，下联是“行百里者半九十”。他尤其觉得下联极为扣题。

他女儿告诉我们，张先生写字已很困难，字和字有时会摞到一起。他则对我们说：“本来肚子里就没有多少东西，这些年写了那么多，都掏空了。”这话多少也是实情。他七十五岁正式开笔写作，短短十多年间，出版了《负暄琐话》《负暄续话》《负暄三话》《禅外说禅》《诗词读写丛话》《顺生论》《流年碎影》《说梦草》

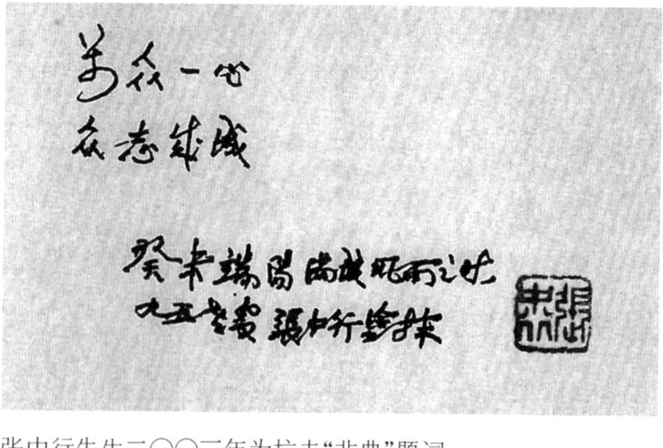

张中行先生二〇〇三年为抗击“非典”题词

《散简集存》等许多书，引起海内外华人的普遍关注，被称为“迟放的鲜花”“文坛老旋风”。这样的写作量，在同龄作家中也是仅见的。他已完成了他此生的事业，没有遗憾了。我告诉他，孙犁比他还小几岁，一九九五年出了本《曲终集》后，早就封笔了，他不必为此忧虑，他点点头说是。

他眼下正看《聊斋》，是上海古籍出版社出的铸雪斋铅印本，本子不厚，读起来很方便。他年轻时就喜欢蒲留仙这本旷世杰作，一辈子读了不下六七遍，他说这本书高明就高明在用小说创造了一个世界，一个与现实世界世态人情大同小异的世界。说到这儿，他的脑子不知怎么一转，又说起武侠小说中两方交手的事来，他说，男女见面交手，女的总是打败男的；普通人和和尚交手，总是和尚胜，普通人败；可是和尚和尼姑打，胜的又总是尼姑。说到这儿，他挥动胳膊比画了几个太极拳姿势，说这是“单鞭”，这是“白鹤亮翅”，还提到一位他认识的武术家，练武前往那儿一站就有力量。要是知道他生病前是多么地喜爱运动，就不奇怪他为什么津津乐道于这些事了。

因为日常起居发生变化，一日三餐难免异于常人，下午四点，小保姆过来叫老两口吃午饭。张先生穿上拖鞋，拿过手杖，慢慢起身向门厅移动。他的两条腿已经不能伸直，弯曲着一步一步往外挪。进到门厅,他没有走向摆着各种清淡菜肴的饭桌,却转过头来,久久凝望着自己那间书房,嘴里嘟囔着:“这屋我也不常来了。”我们劝他先吃饭,吃完饭再到书房,他像没听见一样,转过身,两脚固执地走进书房,坐在那把陪伴了他几十年的旧藤椅上。

这间书房也是卧室,张先生生病前,就住在这屋,读书、写作、休息、接待客人。病后,为便于照顾,他和老伴才住到一间屋,这屋不大来了。但书房还是老样子,一张单人床,四个排满了书籍和文玩的柜子(柜里整齐地摞着他的手稿),一张四个抽屉的旧书桌(桌上放着他为一本书题写的书名:域外情思,字迹已有些难于辨认)。他打量着这间屋子,心里一定颇多感慨,但他没说这些,却指着墙上一个镜框,告诉我们:“这是敦煌写经。”又指着另一面墙上的一个镜框,说:“这是嘉靖年的大写家许初的扇面。”我顺便问他去没去过敦煌莫高窟,他摇头说:“没去过。”他的注意力显然被回忆占据了,接着说:“现在被叫做文物的东西,早先都非常便宜,像许初的这幅字,才三毛钱。解放初期,国子监西厢房中国书店摆着一摞册页,上面压了张字条,写着:三毛一件。我去逛,挑了六张扇面,都非常好,里头就有许初这张字,还有一张恽南田的真迹,可惜残破了。”他还提到一些乾嘉时的珍贵拓片,那时也不过卖一毛钱一张。

朱女士又问起他坐的这把藤椅的来历,他说是做学生在北大读书时买的,时间在一九三二或一九三三年,地点是八面槽,一直用着,已经绑了好几次,也舍不得扔。有人劝他换个转椅,他就是不肯。我记起文字改革家倪海曙也有过一把旧藤椅,还为旧藤椅写过一首感恩的诗,有这么几句:“多少次累极了,靠着你/我稍稍得到休息。/我有时几乎不能呼吸,/你就让我喘一口气。”他们都是恋惜旧物的人,把藤椅当作了有生命的对象,像爱人和朋友一样珍惜着。

张先生的老伴也出来吃饭了,我们赶紧扶张先生到饭桌前坐下,起身告辞。

二〇〇一年一月二十九日

贾兰坡会见记

一

最近读了一本贾兰坡先生的回忆录，便动了想访问贾老的心思，恰巧文物出版社的李莉女士曾在古脊椎动物与古人类研究所读过研究生，跟贾老相熟，打过招呼后，在早春的一个下午，带我和阿遥女士叩开了贾老的房门。

贾老午睡刚起，正坐在沙发上等候我们。与我们握过手，他即把手伸到怀里，掏摸了半天，摸出来几张名片，要跟我们交换。这个有意思的举动，一下子拉近了我们跟他的距离。

贾兰坡，河北玉田县邢家坞人，一九〇八年生，著名的考古学家，中国考古学的奠基人之一。一九三六年，他在周口店发现了三个北京人头盖骨化石，从此声名鹊起，成为国际考古界的重量级人物。在他给我的名片上，赫然印着下列头衔：中国科学院古脊椎动物与古人类研究所研究员、中国科学院院士、美国国家科学院外籍院士、第三世界科学院院士、探险家俱乐部（世界探

贾兰坡的书房

贾兰坡先生

险中心)会员。这些头衔只要拥有一个,便足慰平生了。

印象中,院士的派头应该是很大的,金丝眼镜,西服革履,叼着大烟斗,开口闭口满嘴洋文。眼前的贾老不是这样,若不是看过他的照片,我真要怀疑这位老者是不是他了。他胖胖的,个子不高,花白头发向后梳着,耳朵很大,穿一件蓝毛衣、一条蓝布裤子,慈眉善目的,外表很像胡同里天天碰面的张大爷、李大爷。说话慢慢悠悠,家常得很,也像邻家老爷子。如此平凡朴实的人,是怎么成为声名显赫的院士的呢?

二

这个问题,贾老在他那本回忆录《悠长的岁月》中解答得很清楚:一靠机遇,二靠刻苦,三靠伯乐慧眼识英才。

他没有上过大学,高中毕业后在图书馆自修了一年,差点儿要去邮政局工作,因母亲反对而作罢。这时,他通过表弟结识了裴文中先生,裴先生告诉他,中国地质调查所正在招考练习生,他赶去报考,以优异的成绩被录取,从此走上了考古之路。假使他的母亲不反对他去邮政局,他的名字没准就会出现在投递员当中,我们就不会知道他;假使他没有碰巧结识裴先生,北京人头盖骨的发现者就不会是他，我们也不会知道他。机遇在他面前一闪而过，抓不住就溜走了，而他抓住了。他为此一直感念他的母亲，感念表弟，感念裴先生。

“师傅领进门，修行在个人。”贾老进地质调查所是为了吃饭，但不混饭，他要对得起这碗饭，对得起自己的良心。他认真向前辈和同行请教，学习绘制剖面图，掌握地质构造和地层，辨认各种动物化石。有两本书使他终身受益，一本是英国人福罗尔著的《哺乳动物骨骼入门》（伦敦麦克米兰公司一八八五年出版），由裴文中花五十元复印了十本，他花五元买了一本；一本是美国人奥斯朋著的《旧石器时代人类》（纽约查尔斯·斯克里布之子书店一九二五年出版），他在东安市场中原书店购得。这两本英文书，他看了一遍又一遍，把书都看散了，重装了好几次，从中学到了很多东西。现在这两本书，他仍然完好地保存着。靠了他的虚心态度和刻苦精神，他在考古界才站定了脚跟，成了一名大专家。

韩愈说：“千里马常有，而伯乐不常有。”贾老这匹千里马，初出茅庐就幸遇伯乐，翁文灏、步达生、杨钟健、裴文中这些业界泰斗，一点也不嫌弃他没有大学文凭，把他和燕京大学毕业的卞美年同等看待，为他提供便利条件，放手让他工作，该加薪就加薪，该晋级就晋级，不但叫他去北大地质系进修，还安排他在协和医学院解剖科学习了全部课程。这样宽松、温暖、一视同仁的环境，当然有利于人才的发展。贾老很早就事业有成，同这些伯乐的悉心培养也是分不开的。

机遇，刻苦，幸遇伯乐，这三方面因素相加，使贾兰坡终于成为了今天的贾老。但他认为还有一点不应排除，就是他为人正派，孝敬父母，尊敬师长，团结同事，对人不存坏心眼，不做亏心事，能做到“君子坦荡荡”。他在会见我们，谈他成长的心得时，特别谈到了这一点。

三

我们和贾老一起待了大约一个来小时，谈话是从他要给青年写一组文章展开的。他说：“现在据说十六七岁的孩子就吸毒，这不得了！……我就是想用这个东西(指文章)救救青年，给青年说一说。一段一段的，最长的不过四千字，短的不过两千字。最要紧的是青年，老头子挽救青年是应当的。”从后面的谈话中我了解到，贾老虽然不大出门，但对北京的变化是清楚的，也了解当前的一些时尚，他关心青年，说明他并没有把自己封闭在古人类学的圈子里,而是心忧天下。

不过,我们最想听的还是他讲老本行。阿遥适时提问:“这两年‘人类起源西来说’在学术界炒得很热闹,听说您要写文章把他们都领回来,您是怎么想的?”这逗起了贾老的谈兴,他说:“这个原来大家都说,欧洲是不行了,欧洲是没有希望了。最有希望的在哪儿呢?全世界都说在非洲。其实并不在非洲,而是在巴基斯坦以东到包括云南的广大的高原地区。过去也有‘亚洲说’,是美国的考古学家、纽约自然历史博物馆馆长奥斯朋,二十年代到中国来作讲演,认为人类起源于蒙古高原。他认为蒙古高原对人的演化更有利,因为地域高寒,比较穷,促使他不往前发展不行。这个理论在世界上流行了一大阵子,在中国也很流行。我参加工作的时候,正是这个理论流行的时候。”

贾老当时为了验证这个理论的真伪,曾到蒙古各处走了几趟,跟裴文中等人也到过河西走廊,觉得那些地方穷得一点办法也没有,神比人多,庙比房多,人就那么待着,没有希望,不可能有发展,不像人类起源的地方。

数十年后,根据地下发现,他把眼光投向了亚洲南部即巴基斯坦以东及我国广大的西南地区。他说:“这个地方是人类分布的中心。就是北京人这个时代,往北到北京,往南到爪哇,往西到德国,这个地方是中心点。而且这个地方有很多发现,印度也有发现。元谋我去了,看元谋这地方,希望就很大。可惜现在中国人搞这个东西(指考古)的很少,都奔钱了。这个东西最苦,最难搞。地层找出东西你才敢说话,在哪个地层你得弄清楚,多高的山你得爬,多深的水你得想法子过去,才能找到东西。吃苦,耐劳,不挣钱,年轻人都不愿意干。”

贾老认为“非洲说”没有道理,人类起源还是在巴基斯坦以东这一广大地区,公认只是个时间问题。他俏皮地对我们说:“你不信等着,咱不怕。”

四

后面的谈话就变成了闲聊天。贾老那本回忆录《悠长的岁月》,我们三个都看了,觉得特别好,写得就跟聊天似的,有的地方还挺逗乐。贾老就说他这辈子许多时间都花在写作上了,大概写了四百多篇文章、二十多本书。他在给我带去的书签名时,一笔一画的很认真,李莉就讲贾老的手稿都是一笔一画的满格灌,他也这么严格要求学生。

说起他怎么当的院士,贾老说:“我也不知道怎么回事,他们是选错了?”他是一九八〇年第一批当选的中科院院士,与他一起当选的数学家华罗庚也没有上过大学。当时他正在日本访问,不在北京,他工作的研究所前后三个所长都选了他,得票最多。“邪门儿了这个。”他这样说。“不邪门儿,自然的,应该的。”我接口道。

又提到写文章,怎么把大学问变得小孩子都能懂,贾老感慨道:“科学知识所以发展不起来,就是因为写法都是过去八股式的。我们写东西应当给谁写呢?给读者写,读者看,这个书才有作用,读者不看没有作用,就是我们没有很好地宣传科学。写的文章,专门让人家看不懂,这才叫专门文章。我就跟他们相反,即使专门的,也应当跟读者打在一起,你的科学才会被理解被重视。你老是说自己多懂,打着教育人的方式,都不爱看。我一直就是这样去做的,即使专门的,我也用口语。我有时写一本书,先让我老伴看一看,能懂不能懂,懂得就可以了,不懂我再想想办法。”他这番话也许是老生常谈,但是今天不是仍然有人不理会这些,照样把文章写得谁也看不懂,并以此为能吗?贾老连考古文章都要写得老妪能解,我们有什么理由不把文章写得晓畅一些呢?

杨钟健说:“搞学问就像滚雪球,越滚越大。”贾老很欣赏这句话，在后面又加了一句："不滚就化。"他还很服膺中科院老院长张劲夫说的"安、钻、迷"三个字（即安心，钻进去，着迷）。他从事考古研究七十年，非常热爱这项工作，他对我们说："我这人怎么生活？就是这样生活的：有的时候痛快一阵子，浑身痛快。什么时候痛快？这个工作我不知道，忽然知道了，我非常痛快；或者文章没写完，写完了，我痛快。可是，没痛快几天，又发愁了，又研究新的东西了，哎呀，怎么着也出不来。后来，完了，又痛快一阵子，反反复复的。"他就是这样乐于吃苦，苦中作乐，度过了有意义的人生。

五

贾老有个习惯特别好：仔细，许多东西都保存着。藏书，他有两万册，不少是他母亲和亡妻生前读过的小说，舍不得丢，一直留着。还有别人给他的信，从一九三五年到现在，一封不少，也都留着，杨钟健的信，裴文中的信……完全可以编个多卷本的书信集。我们三个极力撺掇他这么做，阿遥还给他出主意，让他围绕那些信写点说明，把前前后后那些事补充进去，一定很有意思。李莉建议可以让他的学生给他做助手。贾老听着这些鼓劲的话,看着这几个热心人,微微笑着,心眼好像也有些活动。

还有他和裴文中二十世纪六十年代初的那场论争,我们也谈到了。论争的焦点,是裴先生认为北京人是世界上最早的人类,而贾老从北京人的脑量、体质和已经懂得使用火控制火等方面推断,认为他们不可能是最原始的人。这场论争影响很大,《新建设》《文汇报》《光明日报》《人民日报》《红旗》等报刊都发表了文章。除他们二人进行争鸣外,吴汝康、夏鼐等著名学者也参加了论争,都认为北京人不是最原始的人。后来的发现也证明了这一点。最近,文物出版社想给贾老出一本书,有的文章就涉及了这场论争,贾老担心对裴先生不利,最终没有同意出版。

这场论争并没有影响贾老和裴先生的友谊,他们知道这只是学术之争,哪方胜利都是真理的胜利,因此都采取摆事实讲道理的态度,和风细雨,绝不意气用事。他们的友谊一直持续到裴先生七十八岁谢世为止。

时间过得真快,不知不觉到了该告别的时候了。在门厅,贾老的大儿子给我们和贾老拍了张合影。三人计议,这篇文章由我动笔,可回来后我懒惰的老毛病又犯了,一直拖着没写,直到有一天听说贾老突发脑溢血住院抢救了,才忙不迭地开始写这篇文章。此刻,贾老还在病床上和病魔搏斗。他已经九十三岁高龄了,但我不愿说我们的采访是最后一次采访,我衷心地祝愿他早日康复,也相信奇迹能使这位平实而成就斐然的老人重新站立起来。

二〇〇一年四月十三日

送别管桦

管桦先生去世了,我敬佩的老作家又弱了一个。

管桦先生

在我的感觉里,管桦是属于北方农村的。他是河北丰润女过庄人,身上流着北方农民淳朴的血。他的小说多取材于农村的战斗生活和建设生活,屡次出现家乡那条大河——还乡河,热情地塑造了许多劳动妇女和普通农民、战士、干部的形象,如小英雄雨来、白乙化、葛梅、吕二嫂、地委书记等。他创作的歌词也离不开农村,从“我们坐在高高的谷堆旁边,听妈妈讲那过去的事情”,到“我们的田野,美丽的田野,碧绿的河水流过无边的稻田”;从“小鸟在前面带路,风啊吹着我们。我们像春天一样,来到花园里,来到草地上”,到“小松树,小柏树,一排排来一行行。跑到平原里,跑到山岗上”,写出了一首又一首田园牧歌。他成为著名作家后,还带着家属回农村老家长期生活过。他和农村是血肉相连、融为一体的。他是地地道道的乡土作家。

很少有哪个作家像管桦那样，写过那么多样式的作品：小说，短篇、中篇、长篇全写过，成就很大；歌词，数量虽不很多，却颇有几首脍炙人口的；此外，还写了不少通讯、诗歌、散文、剧本、鼓词、童话、故事、评论；晚年更寄情丹青，成了著名的画竹圣手。在漫长的创作道路上，他始终是个好奇的探索者，既不放过攀涉高山大川的机会，迎罡风观流云，俯瞰滔滔逝水，也时常走进小巧的园林，去亲近一朵小花，抚弄一块奇石，摩挲一方砖雕，照拂一茎嫩草。像他这样的多面手作家，真的是世间少有。

还有难得的，他的小说，即使只有几千字，也不忘风景描写和肖像描写。这一点大约是受屠格涅夫、高尔基、肖洛霍夫这些俄苏作家影响。他酷爱风景，平常留意观察，写起来挥洒自如、酣畅淋漓。他写乡村月夜的静美、草地风光的绚丽、雄浑的山中景色、奔腾的大河激流、旷野上的暴风骤雨，都能得其神韵。在《旷野上》这篇小说中，他这样描写暴风雨初起的情景："隐隐约约听到了远方的雷声，一道曲折的电光，像蓝色的火焰似的在天边的云层里闪了两闪，跟着，雷声轰隆隆隆隆，震动人心地滚过来。风在旷野上狂吼，电光中，看见它把河水起伏不定的波浪，一个跟着一个赶到岸边。树林受着暴风的打击,不屈服地站在这旷野上,扭动着身子,摇晃着枝叶,发出山洪似的轰响。我在一棵枝叶茂密的大树底下背着风蹲下来,已经听到了几滴沉重的雨点打在树叶上的响声,有一滴从缝隙间漏下来,落在我的脸上了。”写得多有气势,又多么细腻,读了仿佛置身其间,自己也被暴风雷电裹挟着,连浓浓的雨腥味儿都闻到了。他写人状物也如此,刻画入微,历历在目。现今的作家,似乎不怎么注重风景描写、肖像描写了,也许是觉得无此必要,也许是不具备这方面的手段,有意藏拙吧。

我和管桦仅有过两次接触。第一次是在一九九七年召开的北京市第六届文代会上。当时我们在一个小组,我曾向他请教他是怎样创作中篇小说《辛俊地》的。辛俊地是抗战中河北平原的一个民兵,勇敢而无知,做了不少好事,也做了不少可恼可笑的错事。管桦把这个充满矛盾的人物刻画得极为成功,曾受到海默、周立波等著名作家的肯定,也受到了来自“左”的批评。当听说我有这个小说的初版本时,他很高兴,问我可不可以转送给他,因为他手头一本也没有了。我当即答应过一阵子给他送去。是年十二月初的一个下午,我来到管宅。

下面是我当天的日记:

下午到教育局找徐学鹏……三点半同到西坝河东里管桦家，送上《辛俊地》初版本和《博览群书》第十一期三本，上面有我以“金霖”笔名写的关于《辛俊地》的文章。学鹏带了相机，和管老合影二帧。管谈了青少年读书和教育问题。

管桦书房名“大顺书屋”，沈鹏题额。墙上有他画的红竹、绿柳、丹枫三张画，丹枫为今年赴美探亲时在美国画的。

管住二楼，一楼门外有两丛竹子，非常青翠。这是管桦托人从天津捎来的，带土栽下，已经七八年了，长得很好。

他签名送我和徐每人一本精装的《管桦文集·儿童文学卷》。

离开管宅时下雪，骑车到家身上落了一层白，拂去后，袖子上留下大片的湿印。

记得过于简略，今天可补充的有下列几点：一、管桦那天穿的是一件军队的绿棉袄，已经穿了几冬，有些显旧了；二、谈到最

作者与管桦先生(右)合影

近那英在电视里演唱《听妈妈讲那过去的事情》这首歌,只反复唱前四句:“月亮在白莲花般的云朵里穿行,晚风吹来一阵阵快乐的歌声,我们坐在高高的谷堆旁边,听妈妈讲那过去的事情”,后面妈妈为地主缝制狐皮长袍,冻饿在雪地上的大段叙事都略去了;三、那天的《北京晚报》“五色土”副刊,正巧发表了管桦的一篇文章,他老伴李婉让保姆上街买回十份报纸,送给了我们两份;四、谈话间,管桦突然问我:“我是不是答应过送你一幅竹子?”我脱口道:“没有。”他“噢”了一声,点了点头。他确实记错了,但我也确实太愚,为什么不回答是呢?说不定他会马上送我一幅竹子的,事后颇为自己的愚钝而后悔;五、他待人诚恳、和气,没有半点虚伪和矫饰。

管桦去世于丰润故里,真正做到了叶落归根。他安息了,他的作品还将长久地生存下去。

二〇〇二年八月三十一日

扫除腻粉呈风骨

一

熟悉朱正的读者，都知道他是湖南人民出版社的一位资深编辑，策划、编辑过许多有影响的书，如冯雪峰、唐弢、孙用、李霁野、包子衍等写的一批鲁迅研究专集，杨绛、孙犁、黄裳、李锐、黎澍、徐铸成、萧乾、牧惠、林锴等加盟的《骆驼丛书》，孙伏园的《鲁迅先生二三事》以及《鲁迅研究文丛》等。这些书给出版社带来了极大声誉，确立了他编辑家的地位，但极个别的也给他带来了意想不到的麻烦，受到了无端指摘。好在朱正性情豁达得很，苦笑之后，该干什么还干什么，并未往心里去。

熟悉朱正的读者，还知道他是一位作家，写了许多书。尽管他一再申明他不是作家，没写过诗和小说，但难道只有诗人、小说家才配称作家，而出版了多部鲁迅研究专著、发表了大量文史方面的论文杂文、对“反右派斗争”做过系统深入探讨的人，不是作家么？事实当然并非如此。朱正不仅是一位作家，还是一位有良知的作家，他写的书同他编的书一样，都不是可有可无的，而是读者真正需要，对社会大有助益的。

就是这样一个人，早岁遭逢乱离之苦，一度参加学运向往光明，不料等待他的却是一连串的磨难和打击，被剥夺了做人的起码权利，从事着惩罚性的体力劳动，品尝过铁窗风味，才华长期得不到施展；直到改革开放的春风吹遍大地，才直起腰杆，重获新生。欣逢盛世的他，怎不感慨万千，加倍珍惜自己获得的一切，加倍珍惜每一寸光阴呢？

二

朱正二十多年间孜孜矻矻，出版了十几本书。其中关于鲁迅的书占了相当比重。

他没有上过大学，这成了他的终身遗憾。他最早接触鲁迅，是因为中学老师在课堂上讲鲁迅作品，引起了他的兴趣。从此他自觉地接触鲁迅作品，鲁迅成了他追慕的第一个偶像，这奠定了他终生亲近鲁迅、研究鲁迅的基础。这个沉静的湖南青年，和从绍兴古镇走出来的文化巨人间，有了某种割不断的联系，他生活在先生的呼吸里，沐浴着先生思想和文字的光辉，终于在二十五岁那年，也就是先生去世二十周年的一九五六年，完成了处女作《鲁迅传略》。他大胆地把这部书稿投寄给全国最大的出版社——作家出版社，居然得到冯雪峰的赏识而很快出版了。一九五七年又重印了一次。

多年后，他谈到这本处女作，说过这样的话：这本书粗疏肤浅，反映了当时自己的水平、研究界的水平和允许达到的水平，他一想起来就“深觉惭愧”。但正是这本书，使他获得了进入“鲁研界”的“入场券”，成为了“鲁研界”的一员。若干年后，当他又可以坐在书斋里从事研究时，他仍然选定了鲁迅，除了把这本“少作”加以增补，从十万字扩充为二十万字外，还陆续写出了《鲁迅回忆录正误》《鲁迅手稿管窥》《鲁迅论集》《周氏三兄弟》《鲁迅图传》等。这些鲁迅研究专著，在读者中产生了不同程度的影响。

我最早知道朱正，正是靠了他的《鲁迅回忆录正误》，故愿多说几句。

我读的是一九八六年十二月人民文学出版社的再版本，封面素面朝天，没有任何装饰，完全是书名这几个字吸引了我。作者本着实事求是的态度，将前人回忆鲁迅文章中的不实之处一一指出，并揭出真相。印象中，这些不实之处，多系鲁迅亲友的

朱正先生

朱正先生收存的部分书影

吹捧之辞，意在给鲁迅增添光环，拔高鲁迅。朱正老实不客气地将这些光环逐一抹去，尽力恢复事情的本来面目。无知如我，读了这本书，有如拨迷雾而见青天，觉得抹去了光环的鲁迅，人性化加强了，不但未丧失其高大，反而更叫人崇敬了。这书在当时影响很大，以至一九九九年十二月，又由浙江人民出版社出了第三版。

去年，我去拜访朱正，并请他在我收存的他的几本书上签名，他拿出浙版的《鲁迅回忆录正误》，与我带去的那本“人文”旧版作了调换，并应我的请求，在扉页上写了这样一段题跋：“二〇〇四年十一月九日谭宗远先生枉驾来访，出拙作数种属签名，其中有人文版本书。以其中缺介乎公科场案述略一文，谨将此册调换请教。”

三

我那次拜访朱正先生，是第一次见到他。我一直以为他远在湖南长沙，与我们关山阻隔，要见他不容易。直到钟叔河先生告诉我他就住在北京儿子家，才晓得我们在一个城市里生活已经很长时间了。

他中等身材，戴眼镜，头发花白；身体稍有些发福，但动作敏捷，在七十多岁的老人中，体质要算好的。这大概得益于他长期的体力劳动吧。他在儿子家，不是吃闲饭，是在照看念三年级的小孙女，早起送她上学，下午接她回家。白天一个人没事，就是看看书，写点东西，会会朋友。在京城，他的朋友不少，常走动的有李锐、舒芜、叶至善、邵燕祥、钱理群、王得后、孙郁等，都是志趣相投、说得到一块儿的稔友。

那次我们未及多谈，他只讲了聂绀弩的几件逸事。他参与过聂绀弩诗的注释工作，给聂绀弩编过回忆文集《脚印》和杂文集《高山仰止》，对聂是相当熟知的。因此，当有人对胡乔木给聂绀弩诗集《散宜生诗》作序一事提出质疑时，他能够写文章澄清事实。

事实上，他经常从别人的文章中发现一些错误，这些错误有史实上的硬伤，也有文字上的讹误。他常常写文章对这些错误进行纠正。他在文学、史学、哲学、佛学上的造诣，使他成为了一个博学的人，人们也乐于向他讨教。新近，安徽教育出版社拟再版四十四卷本《胡适全集》，为消除初版本的错误，聘请了一些专家通读把关，他也在受邀之列。这可不是什么美差，胡适是百科全书式的人物，他的文章不少地方要查核资料才知端的，相当费力。结果怎么样？问题还真不少。即使这样劳心费力，他也不敢保证把所有错误全挑出来了。

第二次见到朱先生,是和晚报的几个朋友一道去的。这次是为写一篇专访,聊得比较细。说到什么相关的书,他就一次次从摇椅上起身,进里屋去拿,这么来来回回起来坐下足有六七次,有两次几乎还是小跑着,腿脚实在利落。拿出书来,他凭记忆翻到要找的那段文章要我们看,其间用不了一两分钟,记性也实在好。我们断定那间屋是他的书房,想趁机参观一下,他说:"可以。只是太乱。"站在门口往里看,果然是乱,不光桌上,连地上都堆着书。但从他进去就能快速把书找到来看,这乱也不过是我们的感觉,在他则未必然。

临别时,朋友请他在纪念封上写一句话,他略加思索,写下了鲁迅的一句诗:"扫除腻粉呈风骨"。这是鲁迅的早期诗作《莲蓬人》中的句子,全诗是:"芰裳荇带处仙乡,风定犹闻碧玉香。鹭影不来秋瑟瑟,苇花伴宿露瀼瀼。扫除腻粉呈风骨,褪却红衣学淡妆。好向濂溪称净植,莫随残叶堕寒塘。"赞美了莲蓬高洁的品格和风骨。莲蓬这种狷介的品质,在朱正的人品和作品里保留了很多,他崇尚这句诗,以此激励别人,他本人不也正是这么做的吗?!

二〇〇五年一月二十二日

为了新诗

标题这句话，像是没有说完——为了新诗，为了新诗的什么？是研究、搜集？还是积累、抢救？似乎每一项都对，又似乎每一项都不完全。索性后面的话全不提，只留前面四个字，随读者自己去下判断吧。

刘福春是个认准了一条道就走到黑的人。我认识他有十年了，那会儿就听说他在收集五四以来的新诗资料，进行钩稽和梳理，并且取得了初步成果。十年过去了，今天，他已人到中年，还在始终如一、乐此不疲地干着这件事，其执着在侪辈中也不多见。

同许多年轻人一样，福春上学念书时就对新诗发生了浓厚兴趣。他是在吉林的前郭尔罗斯草原长大的，草原的四时风光陶冶了他那颗诗心。他读了许多诗，也写了许多诗，还出了一本小诗集《雨的回忆》。一九八〇年他大学毕业，分配到中国社会科学院文学研究所工作，人生的转折从此开始。当时唐弢先生正潜心撰写《鲁迅传》，他受命给唐弢当助手，收收发发，跑跑颠颠，业余仍然迷恋诗。后来所里把编辑《中国现代新诗集总书目》的工作给了他，这才成全了他，他始得专心与新诗课题打起了交道。

任何研究都离不开资料，资料是一切研究的基础，搞研究要资料先行。福春甘作人梯，为了新诗研究更上一层楼，他兢兢业业从事着新诗资料的搜集、鉴别、整理工作。我见过他编的几本书。一本是《中国现代新诗集编目》，收集了一九二〇到一九四九年三十年间的诗集书目一千五六百种。他不轻信间接资料，每一本书都力求亲见（极少数实在找不到的才作罢），为此，他跑了五十多家图书馆，费时几年，一一过录，使这本“编目”相当可靠。一本是《新诗纪事》，三十八万字，收了一九一七到二〇〇〇年八十三年间的诗坛史事（包括新诗创作、出版、活动等），一卷在手，新诗发展概况尽收眼底。还有一本《中国新诗书刊总目》、一本《新诗书刊目录总汇》，目前还是稿本，前者厚达一千一百六十九页，有每位作者的简介，年内可望出版；后者包括每本诗集的书名、著者、出版社、出版时间、版次、开本、页数等，并列有详细篇目。这些书的编成，都要耗费大量的心血和时间，不下皓首穷经的笨功夫，不肯在茫茫书海中探寻，是根本无法完成的。

除去跑图书馆查阅资料外，他个人也四处奔走，收集了大量资料。具体说，一九四九年以前的资料基本是从图书馆查阅的，一九四九年以后的资料则主要靠他的个人收藏。他起初以为解放后不过几十年时间，资料好找，做起来会顺手一些，没想到其数量比解放前要大得多，而且年复一年还在不断滚动增加，要想求全，难度更大。数年前我去过他的旧居，业已书满为患，这次到他的新家一看，房间较前宽敞多了，可客厅、居室、阳台，甚至儿子的房间，也都被书侵占得几乎不留隙地了。保守一点估计，他的藏书总有三万册之多，俨然一个小型图书馆了。像他这样大规模地收集中国新诗资料——凡公开出版的新诗集、诗刊、诗报、诗人研究专集、诗歌评论集，未公开出版的铅印诗集、油印诗集、手抄诗集等，皆在搜集之列——在国内和世界华人圈中还找不出第二人。

他的收集靠这样几条渠道：一是买，无论新旧。好在他不嗜烟酒，不讲吃穿，买书是唯一爱好，花销还不很大。二是师友送，诗人、评论家牛汉，绿原，林莽，唐晓渡，韩作荣，朱先树，谢冕等，常年自愿当他的“运输队长”，只要有了这方面资料就送给他，对他的帮助很大。三是作者送，二十世纪九十年代以后，诗集多为自费出版，书店里买不到，他便设法与诗作者取得联系，从作者那儿得到书，作者也乐意结交他这位“知音”。

刘福春(中)拜望牛汉先生(右)

为了求得第一手材料，他还印制了《新诗作者情况调查表》，分别寄给诗作者本人填写，目前已收回两千多份，其中南星、雷石榆、辛笛、钱君匋、常任侠、塞风、程千帆等人已经作古，这些调查表也成了他们手写的珍贵而稀有的藏品了。

我在他家，沿着书架看去，见到一套“文革”前出版的《诗刊》精装合订本，书品极好，便信手翻开第一卷，发现扉页上有一段题跋，是邵燕祥先生写的。原来这整套《诗刊》都是邵诗人送给他的。征得福春同意，我把这段题跋抄在这里：“诗刊从一九五七年创刊至一九六四年，共合订本十二册，为诗刊社早期工作人员楼秋芳同志在八十年代交吴家瑾同志转赠给我的。现转赠全心全意从事现代文学中诗集编目的爱诗者刘福春同志。燕祥九八年五月。”这套合订本几经转手，最后到了福春手里，算是得到了最好的归宿。

福春还拿出一部线装大字本《诗刊》给我看。这是一九七六年《诗刊》复刊时，给毛泽东等中央领导翻看的特印本，大十六开，绵纸印刷，插页用宣纸彩印，一函一期，一期三册，外有函套，印制得极为美观大方。福春告诉我，这种线装大字本《诗刊》，每期只印一百部，而且仅印了一九七六年一年，一九七七年即停印，现在已经很难见到了。

二〇〇五年春

在译诗和写诗的道路上

一

一九八一年，屠岸写了一首诗《树的哲学》，开头几行是："我让信念/扎入地下/我让理想/升向蓝天//我——愈是深深地扎下/愈是高高地伸展//愈是同泥土为伍/愈是有云彩作伴……"诗人的灵感，大约来自对一棵树的观察或怀念，表面上看这是写树，写树的扎根，树的生长，实际上也是写人，写人的追求、人的精神。我觉得这也正是作者自我的一个写照。

屠岸先生一九二三年出生，已是八十多岁的老人了。离休后，他仍然不停地工作，把每天分成四个板块，每个板块都填得满满的：早上起床后，先写头一天的日记；大约九点钟起，翻译外国诗歌或写东西，一直工作到吃中饭；午休后，下午三点半起又是创作，写诗或散文、随笔；晚上看完新闻联播，又伏案写信、看校样(他负责主编一套诗丛、一个诗刊)。此外，他还经常参加一些社会活动，每年还要回一次上海。他看上去身体不错，耳聪目

屠岸先生

明,没有老态;早年长期困扰他的肺结核,六十年代动过手术后,早已痊愈。他给人的感觉是文雅,和蔼,机敏,年轻……可是他告诉我,他的身体有一个隐忧,就是肾衰竭,现在也可能是初期,也可能是中期,早晚有一天要做透析。我问:有这么严重,难道避免不了吗?他说:不可逆转,这是长期高血压造成的。我忽然明白,他之所以日无暇晷地工作,是想趁身体尚好的时候,尽量争取多做一些事情。

他是常州人,跟瞿秋白烈士同乡。巧得很,这位共产党大知识分子跟他并非毫无关系:他家与瞿家祠堂是近邻,他的父亲与瞿秋白是同学;瞿秋白毕业于冠英学堂,"冠英"后改名为觅渡桥小学，他即在这所小学读书，跟瞿秋白算是前后校友。觅渡桥小学紧邻瞿家祠堂，瞿秋白曾居住于此。这里原先有一条河，叫塘河，是京杭大运河的一段，河上有一座觅渡桥，现河已填没，桥已不存，但觅渡桥小学的校名却保留了下来。瞿家祠堂而今已变成了瞿秋白纪念馆。

我不知道屠先生后来弄文、搞翻译，是否沾了这位瞿姓乡贤的灵气，因为起初他学的并非文学。屠岸的父亲早年留学日本东京工业大学，回国后当过建筑工程师、建筑学教授，老先生一直鼓励儿子走“工业救国”“科学救国”的路，所以屠岸大学读的是上海交通大学铁道管理系。他的英文基础就是这时打下的，并受用终身。若不是染上了肺结核，不得不辍学静养，他极可能成为了运输业的一个专家。“失之东隅，收之桑榆”，这个突变肯定是他始料未及的，但也从另一方面成全了他。

因为肺结核，屠先生差几个月没读完大学，待病情稳定后，因家庭经济困难，他不再复学，找了当代课老师和家庭教师的工作，教英语、国文、历史，维持生计。这时他已是一名中共党员，做宣传鼓动、调查研究、编党刊等地下工作。他至今记得自己走上革命道路的过程。事情要从他的母亲说起。屠岸的母亲是一位知识女性，一九一二年毕业于常州女子师范学校，是该校第一期毕业生，曾先后在江苏宜兴、北京、湖南桃源、辽宁沈阳教书。她有个学生，丈夫是共产党员，国共第一次合作时任常州市公安局长。四一二政变发生后，国共分裂，屠岸的母亲把他藏在家中，躲过了一劫，后来又雇了条船，送他到国民革命政府所在地武汉。但他未能逃过反动派的魔爪，还是被捕入狱了，直到一九三七年抗战爆发后才获释。他在狱中写了一份自传，屠岸读后，认为共产党的主张好，共产党员好。这时期他又读了鲁迅的书、巴金的《家》、艾思奇的《大众哲学》、斯诺的《西行漫记》等，认识到只有共产党才有希望，便由表弟介绍入了党。时在一九四六年二月。

但他始终没忘记文学。上海“孤岛”后期，他十七岁，就在主张抗日的《中美日报》副刊发表散文、散文诗和译诗。一九四一年十二月，太平洋战争爆发，日军进入租界，《中美日报》被查封，他抱定绝不向日伪报刊投稿的决心，一沉默就是四年，日本投降后才重新在《联合晚报》《文汇报》《大公报》上发表文章和译作。那时候，他对诗的迷恋程度简直到了狂热的地步，光手抄诗稿就有四十几本，大约七八百首诗，可惜后来大部分都散失了，收入自选诗集《哑歌人的自白》第一辑、第二辑和《深秋有如初春》第一辑的早期诗作，只占其中极小的一部分。他的诗都从生活中取材，但绝不俚俗，诗句经过反复推敲，凝练，精致，文雅，有光泽，艺术上很讲究，有较浓的现代派格调。比如这首《凶黑的夜》："凶黑的夜/我狂奔入屋//伏案的弟弟/灯光灰白//'火！'"短短五行，十九个字，就以急促的音节，把夜的紧张凶险渲染无遗。屠岸后来的诗，艺术更为成熟，他写自由诗，写旧体诗词，也写起源于欧洲的十四行诗。除了二十世纪五六十年代他的歌声近乎中止外，他一直不停地吟唱，诗思如泉，喷涌不涸。六十一岁时，他把旧体诗词印了个集子，取名《萱荫阁诗抄》；次年，又出版了第一本新诗集《屠岸十四行诗》。他选诗很严，因为是站在今天的高度回看过去，眼光不能不有所挑剔，这种挑剔，保证了他每本诗集的质量。

二

诗集晚出，并不等于说他早年没有过出诗集的梦想。一九四八年，由他的哥哥和未婚妻出资，买了一些纸张，他想把自己的诗集印成册，但因为形势急转直下，革命气氛高涨，他的诗又被有些人认为有"小资情调"，朋友劝他还是不印为好，他才收回成命。但他还是杜撰了一个青铜出版社，以该社名义，自费印行了一本他翻译的惠特曼的诗《鼓声》,朋友王麦杆为其刻了六七幅木刻,使这本书有了精美的插图和衣装。当时出这本书有个寓意,美国南北战争是以北胜南败告终的,惠特曼写诗歌颂的是北方以林肯为代表的联邦政府,反对的是坚持“蓄奴制”的南方联盟。屠岸出版这本译诗,是向读者暗示:南方是南京政府,北方是延安西柏坡;南方必败,北方必胜。

新中国成立不久,他又出版了《莎士比亚十四行诗集》《诗歌工作在苏联》《大臣夫人》三书,都是翻译。莎士比亚把他的十四行诗献给他的青年保护人、一个叫 W. H. 的英俊朋友,而屠岸翻译莎士比亚十四行诗,是为了纪念一个死于肺病的好学友张志镳。他和莎翁在感情上是相通的。一九五〇年初,他在上海市文艺处编《戏曲报》,这年二月,他去找胡风约稿,胡风听说他在翻译莎士比亚的诗,便说莎翁的作品是影响人类灵魂的东西,鼓励他一定译完。当他把一百五十四首莎士比亚十四行诗全部译完后,好友刘北汜为他牵线,把译诗介绍给了文化工作社老板韦秋琛。韦秋琛几天工夫就读完了全部译稿,两三个月书就出版了。初版本扉页上印着“译献金鹿火同志”,金鹿火就是“镳”。这本诗集以后又印过几次,已成为莎翁爱好者的案头必备书。

屠岸先生还译过英国诗人弥尔顿、华兹华斯、拜伦、雪莱、济

屠岸先生收存的部分书影

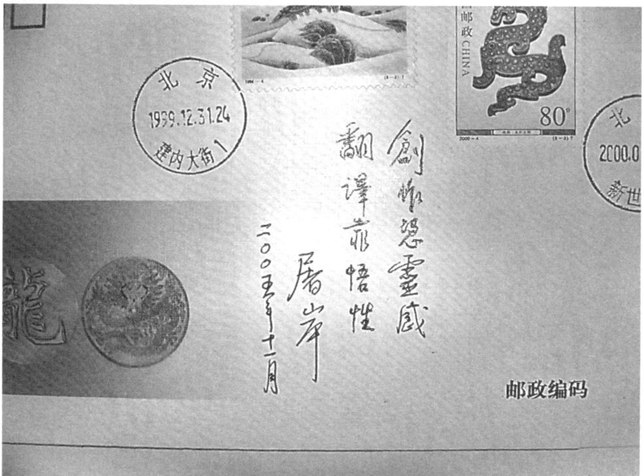

屠岸先生手迹

慈的诗，译过美国革命诗人高尔德的诗，译过英美的儿童诗。儿童诗这种形式，稍有童心的人大概都喜欢。多年以前，我读过一本英国作家斯蒂文森的儿童诗集《一个孩子的诗园》，留有很好的印象。这次为写这篇文章，找出屠岸的书读，才发现这本诗集原来也是屠先生和他的妻子方谷绣翻译的。这么富有儿童情趣的东西，真是久违了："比神仙飘还快，像巫婆一样飞，/掠过桥梁叠房屋，篱笆绕渠水；/像军队去打仗，冲锋向前方，/穿过青草场，甩掉马牛羊；/平原和山岭，一片片风景/像稠密的雨丝，飞动的画屏；/眼一眨，影一闪，一回又一回，/花花绿绿的火车站，呼啸着向后退。"（《望着火车车厢外》）"等我长大成人，/我一定非常神气、伟大，/我告诉男孩儿女孩儿们，/别瞎弄我的布娃娃。"（《将来》）"黄嘴的鸟/在窗台上跳，/睁起亮眼喳喳叫：/"你睡懒觉臊不臊！"（《该起床了》）我不懂外文，不通译事，但我知道译诗难，译儿童诗尤其难，要保持原诗的调皮的孩子气，须付出更多的心血，缺少童心的人绝做不好。屠岸夫妇都是爱孩子的，他们才会选择这件共同喜爱的事情做。屠夫人方谷绣已经不在了，屠先生有一回写道："方谷绣是我的爱妻章妙英的笔名。一九四六年五月我和她在苏州灵岩山绣谷公墓定情，后来就把'绣谷'二字倒过来加一个姓'方'（这个字体现她端方的品性并且音调悠长)，作为她的笔名。我们合译这部诗集是在她得了甲状腺癌症之后，为排遣她病中的寂寞，我建议做这件事，她同意，但她坚决不同意暴露她的真实身份。现在她已魂归西天，她的禁令总可以打破了吧。”这本译诗集已经成了他们夫妇爱情生活的一个永久见证。

前面说过屠岸编《戏曲报》，那是上海刚解放，他由市委组织部分配到上海市军管会文艺处，到剧艺室参加地方戏曲改革工作以后。从这时起，他长期工作在戏剧岗位上，先编《戏曲报》，一九五三年又到中国戏剧家协会编《剧本》月刊，创刊《戏剧报》，当《戏剧报》常务编委兼编辑部主任，一九六三年又调到戏剧研究室。他在戏剧界前后工作了二十几年，单位也从上海转到北京。他熟悉当年文艺界情况，熟悉田汉、黄源、彭柏山、葛一虹、张真、戴不凡等许多老领导老同事。其间经历的风风雨雨，一言难尽。一九七三年，他从干校回来，调到人民文学出版社，才离开戏剧界，跟出版又打上了交道，一九七九年当副总编辑，一九八三年当总编辑，跟严文井、周游、韦君宜、聂绀弩、陈迩冬、蒋路、磊然、孙绳武、绿原、牛汉、萧乾、文洁若、柳成荫、张守义等又成了同事。他后期的创作活动始于这个时期，直到今天，从未间断。

三

通晓英汉双语的屠岸，在跟我谈论翻译之道时，提到许多英文的书名、人名、词汇，我听了一头雾水。但我受托采访他的目的之一，就是让他谈谈目前我国外国文学的翻译问题，这些名词是绕不过去的。真应该派个懂外语的来。我有些后悔接了这个活儿。

他先对我国的翻译现状表示担忧，用了“大滑坡”这个词来形容当前的翻译水平。他说，有的人根本不懂外语，也在那里冒充翻译，办法是把已有的几个中译本找来，东拼西凑，成为一个新译本。还有的人外语不过关，漏译、误译比比皆是，而不少出版社又缺乏外语编辑，没人把关，这样的译本竟也出版了。还有的人汉语程度太差，译文疙疙瘩瘩、词不达意之处屡见，也无人出来过问。凡此种种，都是对文学的亵渎，对读者的蒙骗。他认为，翻译应该在机制上做出规定，不能任意胡来，谁想干就干，要有资质；还要发动舆论监督，提倡对翻译作品开展评论。这种评论不能是随意的或献媚取宠的，而应是读了外文原作又读了译文之后，经过分析思考的评论，是认真负责、有见地的评论。

他说，一个翻译者要掌握两种语言——外来语和译入语，译入语（又叫目的语，往往是译者的母语）要更好。当个好翻译没别的门径，就是要下功夫揣摩原作。居高临下不行，匍匐在原作脚下也不行。翻译者和原作者要像恋人那样拥抱，成为灵魂上的挚友，达到精神上的契合，把定势思维抛开，进入无我之境。我们曾经有过很好的翻译家，像译罗曼·罗兰、巴尔扎克的傅雷，译拜伦、华兹华斯、朗费罗的杨德豫，都是第一流的高手。他们的翻译几乎进入了化境，他们的译品，其生命力会很长久。

屠先生着重谈了英诗的翻译。他说，译诗是很苦的一件事，但一旦投入其中，就会越来越感到愉悦。他翻译英诗是很严格的，原诗几行，翻译过来也是几行，原诗多少个英语音节，翻译过来也是多少个汉语音顿，还要按原诗押韵。他把这几项原则归纳为“以顿代步，韵式依原诗，亦步亦趋”。这是卞之琳继承了孙大雨的译莎原则发展而来的，他作为卞的弟子，把这个原则奉为圭臬。对于严复提出的“译事三难信、达、雅”，他以为三者不是并列的关系，最关键的是“信”，信而不达，怎说是信？信而不雅，又怎说是信？他认为今天的“雅”，已不是严复当初的原意，而应该是指原作的艺术风貌。他在不少文章和几次答客问中，阐述了他对译诗的许多独到见解，这些文字都收入了他前两年出版的《倾听人类灵魂的声音》一书，有志于当“媒婆”[1]的年轻翻译工作者不可不读。

最后，屠岸先生应我们的要求，写下了这样两句经验之谈：“创作凭灵感，翻译靠悟性”。

二〇〇五年十二月十一日

附记：查《胡风全集》第十卷日记卷(湖北人民出版社出版)，屠岸向胡风约稿的日期是一九五〇年三月五日，胡风在当天日记中写道：“屠岸来，要替地方戏写文章。”

二〇〇六年一月十日

再记：十年过去了，屠岸已是九十二岁的老人，仍能写作、思考、出席各种会议和活动。早说要来的肾衰竭，到今天也没有来，真为他感到高兴。

二〇一五年一月二十二日校后记

① 郭沫若有句名言：创作是处女，翻译是媒婆。

追忆严文井

我认识严文井的时候，他已经从人民文学出版社退了下来，隐居在红庙北里家中。他很少参加社会活动，也很少有人来找他，生活表面很平静。

他和老伴康志强一起生活，还养了一只叫欢欢的大花猫。女儿欣久每周从老远的南沙沟来看他们一次，给他们买点吃的，陪他们说说话。后来欢欢老死了，他精力也差了，不再养猫，生活更寂寞了。

寂寞的严文井似乎无意打破寂寞。靳飞说，凭严先生的名气，他要想打开门，不愁没人进来捧场，可他对此不感兴趣。确乎如此。他是官儿，而且是职位不小的官儿，曾长期处于文坛的漩涡中心，经历了太多的是是非非，许多事都看透了，觉得没什么意思，好容易从这些没意思的烦事里出来了，他愿意按照自己的方式，平静地度过余生。这也是我开头用了“隐居”这个词的原因。

他的生活习惯与众不同。我们都是晚上睡觉，早上起床，他不然，要半夜两三点甚至更晚才睡，过午才起床。我们拜访他一定要避开上午，打电话也是在下午，免得搅扰他的清梦。下午三点钟以后，是看他的好时机。这时候他精神最好，可以聊两三个小时而不倦。

晚睡的习惯自然是离休后养成的，这个时间夜深人静，没有干扰，他可以专心看书、看电视，也可以安安静静思考、写作。他的许多文章、书信，都是这个时间写就的。我结识他时，他基本上已停止写作了，但书还是每日必看。他读各种各样的书，中文的英文的，甚至包括佛经。他一直保有很强的好奇心，天上地下人间，什么都想弄明白。有一次他告诉我，活到这把年纪了，还有许多事情没闹清楚，真不甘心。

作者(右)与严文井夫妇合影

他不喝茶，只喝可乐，因而茶几上总放着大瓶可乐，喝完了就打电话叫超市送。他没留过洋，这个洋习惯是怎么形成的，我不知道，也没有问过他。他的相貌也洋气，宽额头，大眼睛，高鼻子，肤色很白，脸上几乎没有皱纹，年轻时无疑是个美男子。他喜欢一支接一支地抽烟，慢条斯理地点着，慢条斯理地吸，动作有点像电影里的慢镜头，长长的烟灰有时落在衣襟上也不掸下去，但他身上却没有一般抽烟人那股难闻的烟臭。

他的牙差不多都掉光了，已经所剩无几。笑的时候，只看得见孤立无援的三两颗牙，谁和谁都“说不上话”。但他的笑很好看，一点也不矜持，是一种发自内心的本真的笑。能这么笑的，老作家中还有个萧乾，笑起来就像个弥勒佛。可严先生照相时却从不笑，总是一本正经，板着个脸。他有一张自画像，更威严得近乎冷酷。其实他即使不笑，面部表情也是平和的，并不那么严厉。

他的卧室兼书房紧挨着客厅。我们进门少待片刻，他就从卧室里出来。人老腿先老，他的腿抬不起来，一步一步蹭着走，还有些颤巍巍的。我们在长沙发上落座，他永远固定坐在茶几旁的小沙发上，面对我们。这样的聊天有多少次，已经记不清了，我日记记下的，就有下面这些：

一九九五年十月十四日　严文井八十岁生日。靳飞从日本寄来十美元，嘱买鲜花送严。下午与庞旸买花去严宅。我给严买了一条绿高乐烟。严精神好，未刮胡子，谈锋健。说起日本发动卢沟桥事变后，他从北京取道天津，走津浦路赴上海，一路上疑神疑鬼的惊恐心情，谓赵树理也有过此类经验。（按：严先生同赵树理交厚，详见他晚年写的文章《赵树理在北京胡同里》。）

一九九七年四月三日　下午三点半带刘延去严文井家。严先生前不久上吐下泻一场，又服了龟龄集，腿脚反比从前利索了。他约定四月末五月初谈他的经历。（按：刘延是我的旧日同事，退休后在《中国校园文学》编刊。她的采访大约进行了两三次，写成了一篇万把字的文章发表在该刊上。）

一九九七年十一月二十六日　访严文井。严讲起与毛泽东的两次会面。一次在延安，毛请周扬、何其芳、严文井、周立波、陈荒煤谈话，中午吃了很好的湖南腊肉；下午接着谈，晚饭又吃了一顿。江青出来只给每人倒了一杯水，未参加谈话。第二次在中南海颐年堂，时在一九五七年。毛请周扬、林默涵、严文井、刘白羽、张光年等谈王蒙的小说《组织部来了个年轻人》。毛说：天上有两朵云，一带阴电，一带阳电，碰到一起就要打雷打闪。王蒙小说也是反右的，但他是从小资产阶级立场出发反右的。不久，王蒙成为右派。那次，他们又吃了很好的红烧肉。

一九九八年六月二日 昨晚接武汉来京的周翼南电话，下午陪他和武汉出版社老刘访严文井。武汉出版社要出一套“大江文丛”，专收作家的随笔文字，想让严也凑一本。最后议定由严口述回忆录，我记录整理，从下周一开始，年底交稿。

一九九八年六月八日 下午三点到严宅。严先生又改变主意，不想谈了。理由：一、有纯文艺观点，想搞点正经文章；二、不愿回顾那些不愉快的往事。严给我带去的四本书签了名。我送严一本《佛经问答》，他说就对这类书有兴趣。（按：严先生晚年，请他写回忆录的人很多，他都没答应。广州黄伟经甚至想专程到京访问他，他起初已同意谈，最后也推掉了。除了他讲的这两个理由外，我猜想不愿惹麻烦恐怕也是个重要原因。)

一九九九年十一月十日　下午四点访严老。他新买了个电暖气。把周翼南签名送他的书转给他，又送他一本《文艺战线》影印本，上边刊有他早年的几篇小说。他签名送我一本新出版的《风雨回眸》，写字手不抖了，字也写得方正了。此书他还送周翼南、徐学鹏各一本，让我代转。在送周的书上写了一句话："我忘不了湖北家乡。"(按：《文艺战线》不是延安就是山西根据地抗战时期出的刊物，这个影印本大概是徐鲁寄来让我转交严先生的。)

二〇〇一年十月十五日　下午六点与朱子、路艳霞一起给严文井送烤鸭及小点心，祝贺他八十六岁生日。他思维还清楚，仍然一支接一支抽烟。在严宅见到久违的文世杰和英子(崔德英)，文已发福，现任新南洋乳品公司董事长。

二〇〇二年十月十五日　奉徐伟馆长之命，晚饭时给严文井送烤鸭一只。严过"米寿"(实际是八十七岁)，人民文学出版社送了两只花篮、一个大蛋糕。他行走更不便，但抽烟、喝可乐依旧，电视依然看得很晚，夜里两点才睡。书已不看，电视也只看新闻和体育频道。他还记得家兄的死，问死了几年了；并说张光年去世前两天还给他打过电话。他的外孙小飞也来看他，带来一块奶酪。（按：严先生最后几年，越来越不爱说话，精神也欠佳，我看他的次数渐渐少了，只是生日时去坐坐。这是我最后一次见他，三年后再见他，他已安卧在八宝山第一告别室的花丛中了。）

以上并不是我见他的全部记录。对我这样的后生晚辈，严先生是信任的，无话不谈的，我却因为疏懒，许多有价值的东西没有记下来。幸亏还有这么点日记，否则，连这点极为模糊的影像也没有了。

我和严文井来往最多的，是一九九八、一九九九两年。当时我接受了一个任务，要为他编一部文集。这个活儿是湖北少年儿童出版社的徐鲁兄交给我的。因为严老是湖北人，又是著名的儿童文学作家，湖北少儿社认为有责任为他出一部文集。他们把这部书列为重点书，社长亲自挂帅，并且安排社里最好的编辑、同时也是作家的徐鲁担任责编。还是再抄一点日记吧：

一九九八年八月十四日 徐鲁来电话，要我和靳飞编严文井全集，他们社出版。靳飞已跟严打过招呼，严一切听便。晚，靳飞请严吃饭，要我也去，商量此事。（按：徐鲁要我和靳飞编，但靳飞常住日本，鞭长莫及，此事便由我一人操持。原打算编全集，但有些文章严先生不同意选，便改称文集。）

一九九八年八月十九日 开始整理严文井作品目录。

一九九八年九月五日 记近十天事：

……徐鲁二十六日来京参加国际图书博览会，住东四饭店，我过访一次。他和鲜于社长、小郑请吃午饭。后陪他访严文井，谈出全集事，在紫光园晚饭。浙江少儿社孙健江亦在。

周翼南陪武汉出版社四人来京，同访严文井。然后跟周去现代文学馆唐文一家，商量借出《一个农民真实的故事》一书（这是严一九四几年出版的报告文学，已送现代文学馆收藏),打算复印。回程遇大雨。……

一九九八年九月十七日 访严。取回他一九七九年底到一九八〇年初的病中日记,即着手整理。此日记拟编入文集散文卷。他口述了一大段话,整理后可作文集总序。

一九九八年九月二十一日 严文并日记及散花抄毕,明天送他审看。

一九九八年九月二十七日 到严家取回日记和散花,改动不多,拟再重抄一次。这个作品可在《新文学史料》发表,严也同意。抄完《一个农民真实的故事》,明天把书还掉。(按:严的《病中日记》写在一个绿塑料皮小本上,后面有几则散花,是寓言体随感,都未发表过。我整理后附了一篇两千字文章,托人转给《新文学史料》,却始终未获发表。日记和散花都收进了文集,我的文章却因未留底稿,失落了。文中有严先生对日记和散花的一些回忆和看法,有一定史料价值,失掉了很可惜。《一个农民真实的故事》约三万字,严先生写于解放战争时期的东北,他很不满意这个作品,因此文集未收。)

一九九八年十一月十日　下午访严。他认为序言很好，只添了几个字。（按：序言约一千五百字，曾交《文艺报》编辑胡殷红，刊在当年十二月该报上。）

我正在利用业余时间，起劲地编这部文集，十一月底，家兄肺部做了一个手术后突然亡故，我经历了平生最残酷的打击，心灰意冷，编文集的事无心再做，一度放下了，好长时间后才重新拾起，直到翌年六月，才把四卷（小说卷、散文卷、童话寓言卷、文论卷）材料陆续寄给徐鲁。后面的工作，都是出版社做的，我没有再参与。令我欣慰的是，这部书收集了不少集外文，这些集外文都是我从鲁博图书馆和北京图书馆收藏的报刊上和严先生的手稿中复制下来的。还有一些信件，是从收信人那里得到的。二〇〇〇年七月文集出版，硬精装，纸张装帧印刷都很好，严先生看了很满意。

严先生与病魔做最后的搏斗时，我正在东北和海参崴旅行，全然不知。等接到欣久的电话时，他已经不在了。遗体告别时，想起和他的种种交往，我的眼睛湿润了。他是一个非常好的老头，也是一个非常好的作家，作品虽然不多，但不管童话、散文，还是小说、评论，可圈可点之处甚多，尤其散文，写得非常好，在同代作家中也是出色的,可惜,评论界至今注意得还很不够。我庆幸能够在他的晚年结识他,为他做了一点事。他的作品今后我还会再读。只要作品在,他就仍然活在我们中间。

二〇〇六年一月十四日

怀念谷林

谷林先生不在了。又一棵苍郁的大树倒下了。文化园林因了这棵大树的遽然倒下,必多了几许萧疏、几分苍凉。

二十世纪八十年代谷林在《读书》上发表文章的时候,我是这本杂志的热心读者。那时的《读书》办得好,作者多是大家,文章有嚼头、有味道,比现在的《读书》吸引人。谷林的文章就发在"品书录"栏目里,小五号字排印,一点也不抢眼。但因为差不多期期都有,写得也好,他的名字便受到了读者关注。我甚至想,这么好的文章,编辑为什么舍不得用大一号的字排印呢?但直到最后,谷林的文章好像也没享受到排五号字的待遇。然谷林对此并不介意,照样默默地一篇篇写,一篇篇发,终于有一天,我走进朝内小街的三联书店门市部,意外发现了一本新书——《情趣·知识·襟怀》。书的作者,正是谷林。

这是一本名副其实的小书,不足十万字,被列入三联书店的拳头产品"读书文丛"中,装帧设计朴素美观。我很想从书的前言后记中寻出一点作者的消息,因为对谷林的情况我一无所知,但《题记》中无一语及此，只谦称自己“文思迟钝，每感手不应心。时欲曲尽胸臆，求安一字，竟也有过‘旬月踟蹰’的苦辛，此所谓‘上水船’也”。又说这本书“骨瘦肉薄，未免伶仃”。总之，全是说自己如何不行，自己的文章如何不行。我有个成见，凡说自己如何行的，其人必是吹牛，必不行；凡说自己如何不行的，倒必是能人，必然行。我对谷林由此更生了几分敬意。买书回家，快读一过，意犹未尽，赶写了一篇小文，投给人民日报李辉，发表于“大地”副刊，标题被李辉改为《闲览非闲，短章不短》，真是点铁成金。

这是一九九〇年五月间事。五年后的一九九五年七月底，我意外收到了谷林寄来的第二本新著《书边杂写》，欣喜之余马上写信道谢问安，旋接到他的回信，此为我们二人通信之始。信末落款署名“劳祖德”，下面注曰：“此系弟原来姓名”，乃知先生姓劳，谷林是他的笔名。信中他讲了是怎样得到我的地址的：“此次《杂写》印成后，亟想寄一册请政，以不知尊址，耿耿在念。月前又与《读书》编辑部话及，承他们殷勤代与人民日报社李辉同志联系，竟得确息，喜出望外，乃检陈一册，不觉后期已经两月。”后得知，此“《读书》编辑部”云云，实系扬之水女士，是她与李辉联系，把我的地址告诉劳先生的。她可算得我与谷林结识的牵线人。从此我就和老人通起信来。从我保存的十几封来信中可知,我们谈的多是家长里短,诸如家庭、身体、饮食起居等,我也曾代《博览群书》杂志向他约过稿,他自然是一一满足了。后来我编《芳草地》杂志,他也多有支持,赐过几回文章。

我给他的第一封信中,表示过要去看他。这确是我的一个愿望。但劳先生以“病体孱累,殊不便接待,相对无言,益伤怀抱”为由婉辞了。后来是《博览群书》的武宁兄要去拜望老人,我与之随行,才见到了谷林。那天是一九九七年十一月二十一日。那天一早,我先至武宁家,陪他到团结湖董乐山家取稿子(董不在家,是他夫人把稿子交给武宁的),然后买了包茶叶,二人骑车径奔朝内大街文化部宿舍大院。因为谷林先生事先在信中详细写了进院后到他家怎么走法,我们没费事,就在一片平房中找到了他家,谷林闻声迎出。他高身量,貌清癯,人中既长且鼓,穿夹克衫,戴驼色毛线帽,一口普通话带有浓厚的宁波乡音,不太好懂。宾主一落座,劳先生就对我表示感谢。我不明所以,老人说,我发在《人民日报》的那篇文章,对他很有帮助,单位本来不很拿他当回事,见了党报上的这篇文章,才对老人有点刮目相看。我闻之也很欣然,虽然我知道这个“刮目相看”,不过证明了人世间的势利。

老人住房老旧，且不暖和，在屋子里，脖子上还须裹着厚围巾保暖。但老人兴致很高，谈兴颇浓。他谈到他的老毛病肺结核，谈到他至今为没有上过大学感到遗憾，谈到他在上海当过三四年会计，但不喜欢上海，喜欢北京。他三十三岁才结婚，大儿子谷平，生下没几天就因视网膜肿瘤摘除了眼球，等于没有见过这个世界。女儿谷林，跟他们一起生活。劳先生很偏爱谷林这个名字，后拿来做了自己的笔名。最初给新闻出版署《出版通讯》写稿，就用这个笔名，一直沿用至今。

“文革”开始，他的书被抄，后来要下放咸宁五七干校，这些书(不是全部)要发还给他。他那时心灰意冷，便把发还的书以六分钱一斤的价格卖给了中国书店，得款一百多元。现在家里的书，都是后来重新添购的。有段时间，他从天安门前的历史博物馆下班，穿过东交民巷左拐，路过王府井新华书店，每天都要进去转上一圈，买一两本书。他一般不会错过任何一本新出版的好书。

他是从干校回来，被抽调到历史博物馆的，任务是整理文献。文献一部分是明代的，但以清末的为主，有信函、奏章等。他的任务是写出提要；若是信件，则要登记下寄信人、收信人的名字。他在一间照相室里办公，房间没有电灯，视力因此受到损害。在这里，他整理出了《严复日记》《郑孝胥日记》。那时保密制度很严，整理过的东西一旦上交，再想看就难了。郑孝胥的诗集、书信他一直想看，也无缘得见。

这次见到劳先生，印象愈加鲜明。简括地说，他是一位非常典型的旧知识分子，具备踏实、好学、和气、宽厚等许多优点，同时也清贫。这末一条，在许多老知识分子家里都看得到，他们没有一件时新家具，没有一件时尚衣装，住房不宽绰，待遇欠优厚，过着普通人、甚至还不如普通人的生活。但他们“不戚戚于贫贱，不汲汲于富贵”，是精神上的富翁，有书，有笔，有头脑，有追求，有学问，有爱好，能把看到的想到的，以最好的文字表达出来，刊于报刊简册，流布开去。他们因此和外界建立了广泛联系，为天下读书人所景仰。这样的人虽无金钱权势，但其生存价值，却远比那些昏庸豪阔的达官贵人优越！

以后，我至少还拜访过劳先生两三次，有一次是夏天，劳先生着短袖衫，新推的头发短短的，人很清爽。他知道我喜欢孙犁，就把自己收藏的孙犁的书都送给了我。他说自己年纪大了，这些书不会再读，送给朋友是最好的归宿。这些书他都读过，上面有的记有购置日期，有的记有相关资料或读后感想。譬如在《秀露集》扉页的背面，他写有这么几行：“百花文艺社的校对是好的,在三联、文学、中华、社科诸大社之上,但此书从维熙的从字,一概错成丛字。粗粗点数,共计九回,还难保没有数漏。如作繁体,此两字决不至于相混,亦尺短寸长之一例乎。《关于纪昀的通信》那样文章,平素最所嗜好,乃知堂老人所独擅,且介亭杂文中亦往往有之,当然功力更深了。此盖不独有赖学力,更需要器度和识见也。癸亥正月初四日。”此癸亥年,乃一九八三年。两年后即一九八五年的八月十八日,他在这段文字的下面又写道:“从维熙真的无下横,不知泉从何时冷起。”真个是塌心做学问的老实人。他的字有特点,清雅秀气,一望而知,写字人必是心境平和、了无尘念。老人中能够把字写得这样规整雅秀的,实不多见。

还有个插曲,亦跟劳先生的书有关。一两年前,有一回在隆福寺中国书店,我见到一册三联出版的韩素音自传《无鸟的夏天》精装本立于架上,信手抽出翻开,前衬页上有四行钢笔小字:“从她的书中,‘我在一小时之内所了解的关于中国的情况,比我在一整年的阅读中了解到的还要多。’——伯特兰·罗素。”我一眼认出,这是谷林的字。劳先生的书怎么会到这里了呢?我百思不解。但我没有犹豫,花十九元买下了这本书。大约一个月后,我又到这家书店,不意又见到一册《伤残的树》精装本,与那本正是一套。忙不迭打开，扉页上钤有一枚铁线篆印章“修之藏书印记”，这又是谷林藏书。自然又买了下来。两次奇缘，使我顿起贪念：这部自传共三册，我已得其二，说不定还能见到最后一册《凋谢的花朵》，凑成完璧呢。我又跑了几趟隆福寺，终无所获，想是落入他人之手了。我很想给劳先生写封信，问问这书是怎么流落到中国书店的，又想拿这类小事给老人添乱不值得，便没有写。我现在记下此事，意在说明我和谷林老还是很有些缘分的。

劳先生去世的消息，是宁文兄告诉我的。其时老人在亲友伴送下，已经化去，不及再见一面了。生不给儿女添负担，死不给别人找麻烦，这就是劳先生——一个圣者的品格。最近听说，劳先生单位传出老人本可享受副局级待遇的说法，可是老人生前根本不知道这码事，一天副局级待遇也没享受过，连日常的看病洗澡都大成问题。这于劳先生，是遇人不淑；于我们这些后辈，除了心酸愤懑外，夫复何言?!

二〇〇九年四月八日

附记：文中所写劳先生的家庭情况和工作情况，是笔者拜会劳先生家人后追记的，也许有不确切的地方，务请读者不要引为实据。

淡泊·愉悦·随和

——贺来新夏先生九十华诞

今天是农历壬辰立夏,我坐在电脑前,写这篇祝贺来老寿辰的文章。来老降生于一九二三年六月初夏之际,取名“新夏”。如今又是一个新的夏天到来,我们聚首津门,祝贺来老九十寿诞,心情是很高兴的。

我不是来老的受业弟子,这辈子甚至连大学校门也没进过,对来老的教学成绩和学术成就不能赞一词。我只是一家区区小刊《芳草地》的编辑,只能从民间的私人的角度,简略回顾一下我与来老的交往。

一

知道来老的名字很早了。在我的脑海里,南开大学是同李霁野、郑天挺、陈省身、李何林、雷海宗、来新夏这些大名家连在一起的。所以闹“非典”那年,我们的杂志创刊,不久得到一张邮寄名单，我从里面选出若干家准备联系，其中就有来先生。我这样做的目的，无非是想拉大旗作虎皮，扩大刊物影响，争取得到支持。当时的心情是颇为忐忑的：你那个小杂志，人家不买账不理睬怎么办？但所联系的各位前辈学者多数都对这本小刊表现出了关爱，或来信赞誉，或赐稿支持，培土，灌溉，使这片尺幅之地很快就碧草如茵，繁花似锦，显示出了勃勃生机。其中，来老是为这片园地下力最多的学者之一。

我统计了一下，从二〇〇四年到二〇一〇年这七年间，来老为《芳草地》供稿十二篇，依次是：

《京华杂钞》，二〇〇四年第三期；

《拜访徐志摩故居》，二〇〇四年第五期；

《牧惠是幸福的》，二〇〇四年第六期；

《〈耕读堂日志〉序》，二〇〇五年第二期；

《永不忘记的黑色数字》，二〇〇五年第四期；

《各圆各梦》，二〇〇六年第二期；

《〈中国文学史〉的说明》，二〇〇六年第四期；

《简评〈清史纪事本末〉》，二〇〇七年第一期；

《〈苹楼藏书琐谈〉序言》，二〇〇七年第三、四期合刊；

《〈匏园诗集续编〉后记》，二〇〇八年第二、三期合刊；

《闲话读书》，二〇〇八年第五、六期合刊；

《〈清代书院与学术变迁研究〉序》，二〇一〇年第四期。

平均一年将近两篇，这说明来先生对我们这本小刊的重视。须知《芳草地》不过是一家区文化馆主办的没有刊号的读物，初为双月刊，后来则变成了季刊。

关于这类无刊号的出版物，来老曾在给我的信中说起过，兹抄录如下："《芳草地》无论内容形式均当得一个'雅'字，诚为时尚刊物中之'芳草'，虽无书号，但私生子一样长大或说更加聪明，与婚生子应享有同等待遇。愿早日能得一纸'结婚证'。"表达了来老对我们这本小刊的良好祝愿。

二

与来老这样著作等身的学者、作家交往，书为媒几乎是不可免的。自从结识了老人家后，得他签名、赠书的机会多了，其中有些小插曲，想想也是怪有意思的。

记得二〇〇四年的下半年，天气已经凉了，我忽然接到来先生的电话，说要到北京开会，下榻在金台饭店，想约我过去见个面。京津两地虽然不远，但我生性疏懒，很少出门，要见来老也不那么容易，故赶紧找了一本来先生一九八四年出版的著作《结网录》，带着我的一个助手去了。来先生正在房间等候，鹤发童颜，人很精神。谈了一会儿，我就把书拿出来请他签名。来先生没有题上款和日期，只在扉页上写了自己的名字，我们就告辞了。到了二〇一〇年八月，我赴津参加私家藏书文化论坛和来先生米寿庆祝会，又把这本书带去，请来老补签。来老题了上款，写了“二〇一〇年八月补签”几个字，使这书的签名完整了。

这次赴津，我还带了来先生一九五七年出的一本《北洋军阀史略》。这书是来老从事北洋军阀史研究的开山作，只有十一万字。以后在这本书的基础上，他又撰写了三十六万字的《北洋军阀史稿》，编纂了五册、三百万字的北洋军阀资料，主持撰写了百余万字的《北洋军阀史》，其研究可谓步步深入。我很想请来老在早年这本《史略》上写一段题跋，但来老那两天应酬太多，不好意思添乱，只好乘吃饭之机，托身边一个小伙子，带着书到主桌请来老签字。一会儿小伙子拿书回来，我一看，来老没写题跋，却写了这样一句话：“宗远兄：自己不来托人求签有是理乎?”我当时就乐了，这比题跋有意思多了。老先生反应机敏，下笔俏皮，绝对是幽默高手。

认真写了题跋的，是《出枥集》。这是来老二〇〇二年八十岁时编的一个集子，二〇〇九年秋我带到内蒙古鄂尔多斯，请出席第七届民间报刊读书年会的来先生签名。来老欣然命笔：

宗远先生弟　雅藏

与宗远相识多年拙文多经点染列为芳草今夏以出枥集见示聊缀数言借资书缘

来新夏二〇〇九年秋

于鄂市乌兰木伦镇

在“乌兰木伦”旁边，他还加了“红色江河”的小注。

来老大半生一直搞学术研究，晚年变法，多写短文，成了一位随笔作家，出版了多部随笔集。他是史家出身，兼通版本目录学、图书馆学和方志学，他的随笔就有较浓的学术味儿和书卷气，比一般随笔结实厚重得多。为写本文，我找了一下来老送我的书，就有《学不厌集》《只眼看人》《邃谷书缘》《书前书后》《来新夏谈书》等。还有两册特殊意义的书，即来老的祖父来裕恂老先生的诗集《匏园诗集》和《匏园诗集续编》。来裕恂老先生生于一八七三年，卒于一九六二年，是晚清著名学者俞曲园的学生，曾

来新夏先生在民刊会上发言　　冯传友摄

留学日本,入光复会,任教于上海大同大学,解放后受聘为浙江省文史馆馆员。他的诗感时忧国,记游抒怀,卷帙浩繁,卓然成家。这两本诗集皆为新印,印数都不会多,能得到来老的签赠本,我很高兴。

随着来老社会知名度越来越高,他签名的书在网上也卖得高价了。这就有以贩书为业的小书友找到我,想托我请来老签名售书。我通过电话把此意跟来老说了,来老的回答是,他不支持商业行为,过去曾有新华书店找过他,让他现场签售自己的书,他都敬谢不敏。从这也可看出来老有所不为的一面。在为人处事上,他绝不随波逐流,心里是有一把尺子的。

三

前边写了我到金台饭店访来老,那是我与来老的第一次见面,其后又在各种场合见过多次。精神矍铄的来老,浑身总是收拾得干干净净、整整洁洁,发言则思维敏捷,条理清楚,用词准确,不疾不徐,如一道清澈的溪水汩汩而流。听他讲话,也是一种享受。

来老的家,我去过两次。头一次,是带北京同心出版社的总编去的,他想请来老出山,担任一套近代笔记丛刊的主编。来老对清人笔记相当稔熟,主编这套丛刊是最合适不过的人选,他表示同意。但他询问了出版社对出版这套丛书的设想,主要询问了校点者都是哪些人,当听说是请几个刚毕业的研究生担任校点后,来先生摇头了,他说:别以为近代笔记离我们近就好读,其实不然,近代人写文章求古奥,有的甚至比先秦两汉的古文还不好懂,刚毕业的研究生恐难胜任这项工作。这件事后来搁车了,再无下文,个中原因我不清楚,也许跟出版社的经济效益有关,也许跟来老泼的这盆冷水有关。但我觉得这盆冷水泼得好,不然的话,很可能这套书会因点校失误而最终成为劣书。

第二次，是今年五月，我和包头的传友兄由振良兄陪同，拜访了来老。

两年不见，来老整洁依旧，精神依旧，就是走路不那么快了，步子有点抬不起来。他见面就喊出了我的名字，对我们的来访非常高兴。他正用电脑写一篇序言，停下来和我们聊天。

他拿传友打趣。因为传友几年前曾答应请他吃涮羊肉，当时因故没有请成，传友说留待下次再请，结果直到今天也没兑现。来老就开他的玩笑，说羊肉也有利息，几年过了，你要送我一头羊了。宾主就这么嘻嘻哈哈，聊了不到一小时。来老又出了新书，是商务印书馆印行的《不辍集》，厚厚的一本，选收了他八十岁至九十岁十年间所做文章几十篇，他签名送给了我们。之后，我们站在他身后照了几张相，就告辞了。来老的老伴焦静宜老师送我们下楼。焦老师是来老的贤内助，掌管来老的衣食住行，人总笑呵呵的，脾气非常好。她告诉我们，来老哪儿都没毛病，就是不爱走路。我觉得这也难怪，九十岁的人，毕竟岁数大了，不可能像年轻人那么爱动了，但是适当地活动活动还是必要的。

来老在一篇文章中，引用了唐释齐己的诗："流水不回休叹息，白云无迹莫追寻。闲身自有闲消处，黄叶清风蝉一林。"他解释道:“对过去的一切,要无怨无悔;对未来的期待,也要无欲无求。空下的身子,自会有打发日子的去处,最好像蝉那样,不再噪鸣,隐入林中,静观黄叶的飘落,面迎徐来的清风。……甘守寂寞,志在淡泊,愉悦终老,不亦善乎!”我觉得来老正是这样生活的。他喜欢读读书,看看稿,写写文章,结交结交民间读书人,参加一些感兴趣的有益活动,不急躁,不鸣高,心平气和,提携后进。有此性情和心态,他的健康长寿乃是必然的。

祝愿九十初度的来老,继续保持达观的心态、乐天的性格,健康硬朗,寿登期颐!

二〇一二年五月六日

文化老人一瞥

小 引

这十篇小文章,写的都是八旬以上的文化老人。除第一篇的苏晨住在广州外,其余九位都住在上海。

我是利用一个到广州、上海演戏的机会,一个到上海开民间读书年会的机会,拜见这些文化老人的。巧得很,这两次的集中拜访间隔很近,都在二〇一三年的十一月份。因之,我把这个月,称作了“拜老月”。

这些老人每位都是我仰慕已久的,能见到他们,我很荣幸。

可惜,时间关系,每位都是匆匆一面,不及细谈。

十二月份,我去广西的北海小住,日闲无事,想起可以把一些散碎印象追记下来,免得遗忘,就花了几天工夫,写了这组小文章;其中只有《宫玺》一篇是新写的。

回京后,我把这些文章又充实了一下。

尽管如此,内容仍很空疏,只是聊胜于无罢了。

感谢自牧，更感谢韦泱，没有他们，我不可能有这么连续的访问。虽说是老朋友不讲客套，但礼多人不怪，我还是得向他们道一声谢，鞠上一躬。

二〇一五年一月九日

苏　晨

今年十一月去广州演出，中间抽出半天时间，打的去番禺看望苏晨先生。

苏晨是辽宁本溪人，军旅出身，是花城出版社和《花城》《随笔》两本杂志的创办人。在那个欣欣向荣的时期，他很忙碌，也很风光，远在北京的我知道他，他不可能知道我。我和他结识，是多年以后通过我编的《芳草地》，谙熟出版的他很欣赏这本小刊，不断来信来稿赠书。我们虽然连电话都没通过，但我并不感觉他很陌生。这次去看他，是我们第一次见面。

车子路过珠江和另一条不知名的江，半个小时后即到番禺大石镇丽江花园。小区很大，花多树多，环境优美。没怎么费事，就找到了老先生住的左岸，门卫先打电话过去，苏先生在家，初称“不认识姓谭的”，后门卫报出我所在的城市和区名，老先生立即叫出了我的名字，招呼我上去。

电梯门开，苏先生已站在电梯对面迎候，我的第一句话就是：“没有您的电话，事先也没跟您联系，太莽撞了。”苏先生连连说：“欢迎！欢迎！”把我让进屋里。

他中等个儿，身材偏胖，留着斑白的短发，慈眉善目，虽已八十有三，但精神与身体俱佳。他谈了许多往事，我记得的是他解放战争时期在四野，曾见过林彪、邱会作，与这二位指挥员打过交道，留有不错的印象。林的部下黄(永胜)、吴(法宪)、李(作鹏)、邱(会作)晚年都写有回忆录，他读后觉得吴的回忆录没有写好，而邱的回忆录写得最好。他当年跟随四野，从东北一直打到海南岛，跨越了半个中国，经历相当丰富，这成为了他后来创作的源泉之一。我读过他写的一篇回忆《第一次主婚》，讲一个战士在实弹射击中，打死了农民陈翠妹的丈夫。如此重大事故，他们没有草率处理，而是做深入细致的思想工作，化干戈为玉帛，不仅维护了军民关系，还帮助陈翠妹和这个战士喜结良缘，由苏晨主婚举行了热闹的婚礼。这篇三万字散文，就取材于他在海南岛的亲身经历。

他每天都写作，吃完早点先下楼散一会儿步，回来就坐在电

苏晨先生在书房

脑前，左手执笔，在写字板上写到中午；然后稍事休息，下午接着写。只有晚上看看电视，不写东西。他并不是生来的左撇子，只因为以前写字太猛，把右手写坏了，才改用左手的。他的左手字也很漂亮，给我的每封信都堪称书法作品，谁见了都夸好。

他知道的事太多，学问太大，记性又超好，怎么掏也掏不完。他比一般人出书都早，十七岁部队就给他出了第一本书，至今已经出书五十多本，近几年每年都要出好几本书，有的有书号，给稿费；也有一些是自费出版的。我记得的书名就有《左岸怀人录》《左岸忆往录》《书信散文集》《宁波的记忆》《多思散文集》《烦心散文集》《开卷小说集》《中篇散文集》《癸巳春来集》《癸巳猫夏集》《癸巳清秋集》《癸巳过冬集》。可惜的是，有些东西不方便写，否则的话，可写的更多。即使这样，肚子里的题材也不会枯竭，他每天都在跟时间赛跑，争取多留下一些有价值的东西。按他自己的话说，这叫“人将转化为‘无’，不能不抓紧时间”。

他的妻子以前是工程师，患半身不遂，也出来跟我见了一面，是个面容和善的圆脸老太太，我请保姆给我和他们夫妇俩拍了一张合影。

临走，看了苏先生的书房。靠门口有个玻璃柜，里面摆满了大大小小各种印章。我知道苏先生对石料、印章、篆刻有特殊的爱好和研究，这些该是他的藏品了。

二○一三年十二月十六日

任溶溶

小时候看过一个动画片，叫《“没头脑”和“不高兴”》，讲两个小朋友，一个叫“没头脑”，做什么都丢三落四，长大以后当了建筑师，设计了一幢高达一千层的少年宫，却忘了装电梯，孩子们看戏，要带着铺盖卷和吃的，爬半个月楼才能上到顶层的剧场。

作者与任溶溶先生(左)　　韦泱摄

他们看的戏是《武松打虎》,演老虎的叫"不高兴",他不高兴让武松打死,在台上跟武松较上了劲,反把武松打得落花流水。这个寓教于乐的片子我看过好几遍,非常喜欢,到十多年前世纪初才知道,它的原作者敢情就是久闻其名的翻译家任溶溶。这次到上海,有韦泱领着,我第一个拜望的就是这位老先生。

任溶溶的家在一条弄堂里,是典型的上海人住的平房,虽不很大,也没有什么考究的家具,可家的气息却很浓。老先生已九旬高龄,瘦而高,脸型、长相都让我想起民国老名士张伯驹——我当然没见过张伯驹,只是根据照片,觉得他们很相像。

他对《芳草地》很称赞,还给了我一篇写他的老师周予同的稿子，让发在《芳草地》上。

因为我是北京人，他很自然地跟我聊起了京剧。

他对京剧有不寻常的爱好，那些风华绝代的老艺术家的演出，差不多都看过，青衣最推崇梅兰芳，须生最推崇余叔岩、马连良，认为这几位最了不起。对于北京的吃，他则不大看得上，认为味道不行，觉得现在应该是"食在上海"。对北京这些年变得越来越新，也不认同，觉得还是老北京好玩。他的这些看法，我全赞成。

他称叶君健为老师。说他自己翻译安徒生的童话实是出于不得已，因为叶译安徒生的版权在"上译"（上海译文出版社）到期了，而"上译"还想出版，就委托他重新翻译（他的工作单位就是"上译"）。有叶译在前，他不敢造次，诚惶诚恐，起初是"跪"着译的，老担心自己的译文距离叶译太远；后来想到叶君健翻译安徒生时，比自己现在年轻得多，叶也不是从丹麦文直接译的，而是跟自己一样，也是从英文转译的，于是增加了勇气，再译就"站"起来了。

我带去了一些他翻译的儿童文学老版书，请他签名。有阿·托尔斯泰的《小哥儿俩》、马雅可夫斯基的《给孩子们》、贾尼·罗大里的《好哇，孩子们！》……都是上世纪五十年代的出版物,他很爽快地签了,只是没题上款,只写了自己的名字,每个字有蚕豆大。

我旧话重提,希望能编一本他的译著书目,配上书影、插图,一定大受欢迎。我这样说是有根据的,因为他翻译的东西实在太多了,到底有多少种,出版了多少书,他自己都闹不清,出这样一本书目,一来给自己做个总结,二来让关心儿童文学的读者有个"按图索骥"的依傍,三来这书如果彩印,也会是个逗人喜爱的艺术品和收藏品(过去的儿童文学读物都出得很漂亮)。他听了很表赞同。但我手头缺乏资料,又远在北京,干不了这事,很希望他儿子能够做起来。

他的儿子长得很像父亲,写得一笔好小楷,临走送给韦泱和我一人一张他抄写的般若波罗蜜多心经。我迟疑了一下,没有拂他的好意,接了过来,打算转送给其他朋友(我的民族、信仰都不允许我接受佛教礼物)。可回家以后却怎么也找不到了,也许本就不该接受吧。

二〇一三年十二月十六日

附记:近阅林绍纲《叶君健先生百年祭》一文,对叶译安徒生提出了“是从丹麦文译出”的肯定说法：“《安徒生童话集》是叶先生译作中的杰出代表，一百六十八篇杰作的全集译本，是从丹麦文精确翻译过来的，他准确地理解安徒生的思想、心境以及表达手法、语言风格，所以是其他许多译本无法比拟的。为此，叶先生获得了丹麦女王的最高奖赏‘国旗勋章’。”林绍纲与叶君健是至交，此说与任说有异，遂录于此备考。

峻　青

老作家峻青也是《芳草地》的老读者，虽然没有投过稿，但给我写过信。他一见我，就握着我的手说：“宗远哪，我们虽然没有见过面，但我们是老朋友。你那个杂志办得好哇！”这让我心里顿觉热乎乎的。

他又说：“我正准备送给你一本书。本来要给你寄去，你来了，正好送给你。”说完，回到卧室取书，再出来的时候，脸上多了副墨镜，一直没有摘下来。我这才知道，老人大概患有眼疾，日常是离不开墨镜的。

他送我的是一本新印的旧体诗集《林寺吟草》，收录二十世纪三十年代到本世纪初他创作的旧体诗百余首，还收了一些友人赠他的诗，是上海作协为老作家出版的丛书中的一本。我随手一翻，读到老诗人黎焕颐赠他的诗，有两句云：“一报一刊拓艰辛，文海烟波不昧津。”下边注曰：“上世纪五十年代创刊的《收获》，八十年代创办的《文学报》，峻青均系创办人之一。”才知道峻青不光忙于写作，还做过文学方面的事务性工作。

我们坐在客厅，韦泱先说起上海作协正在为他筹备创作七十年的庆祝会，希望他能到会坐一下，讲几句话。他听了说：“我已经是过时的作家了，现在的年轻人都不知道我了，我的年纪也大了，心脏不好，就不去了，让作协自己搞吧。”他的话很诚恳。可不是，他今年九十一岁，对名利早就不再有兴趣，更不想贪什么热闹了。

说到他的早期作品《马石山上》，峻青说这件事发生时，他正在山东马石山一带。当时敌酋冈村宁次搞了一次规模空前的“大扫荡”，撒了一张大网，一点一点往里收，像梳头一样，妄图把抗日军民一网打尽，网口就在马石山。作品里描写的那几位八路军战士，本来是可以突围出去的，却放弃了逃生的机会，几次冲进包围圈解救老乡，每次带着人群向外突围都很困难，白天山下到处是鬼子，夜里到处是火堆，几乎找不到可以出去的缝隙。但他们没有退缩，许多乡亲获救，他们自己却没能出来，牺牲在了马石山上。峻青当时也是突围出来的，这件事深深震动了他，就写了这篇小说(也可以叫报告)。这篇作品也成了他的成名作。

他还说,他也像孙犁一样喜欢线装书,解放后在旧书店买了不少。“文革”开始,作协抄家,这些书全抄走了,一本也没清退。跟线装书一起抄走的,还有一部已经完稿的长篇小说《战斗的乡村》,五十万字,正准备出版。相对于那些线装书来说,这个损失更大。当年梁斌的《战寇图》(出版时改名为《烽烟图》)手稿“文革”后失而复得,一时传为佳话,他也希望自己能有此幸运,可惜这个奇迹没有发生,他再也没见到这部手稿。他后来也曾想过重写,可当年的感觉再也找不到了,只有掷笔长叹。事情已经过

峻青先生在回忆马石山突围

去了四十年，想起来仍感痛心。

峻青是胶东海阳人，他的小说大抵都以昌潍平原为背景，《黎明的河边》《党员登记表》《最后的报告》等，写出了这个地区犬牙交错的敌我斗争的严酷性，塑造了不少性格坚强的革命者；而《秋色赋》《壮志录》《瑞雪图》等散文，又讴歌了二十世纪五六十年代胶东农民战天斗地奋发图强的豪情。我近年曾有机会两到海阳，活动范围虽仅限于海滨一带，却感觉这个城市正在崛起，建设得越来越漂亮。我把我的感受跟老先生说了，他很热切地边说“是吗”边点头。我知道，他虽然身居上海几十年，心却一刻也没离开过家乡，离开过海阳。

二〇一三年十二月十六日

艾明之

艾明之八十八岁了，体型至今未变，身材依然挺拔，一个高高的希腊鼻，把五官衬托得相当精神。唯一的缺陷是耳聋，听不见我们说话，中间他起身又换了个助听器，依然听不清我们说什么。这大大限制了我和他的交流。

艾老依然精神矍铄

他是小说家，也是电影剧作家，作品很多，代表作有长篇小说《狼窟》《浮沉》《不疲倦的斗争》《火种》等；电影《护士日记》（根据《浮沉》改编，陶金导演，王丹凤、李纬、汤化达、蒋天流主演），《黄浦江故事》（黄佐临导演，张伐、魏鹤龄主演），《青山恋》（赵丹、徐韬、钱千里导演，赵丹、祝希娟、高博主演）等。以《火种》和《护士日记》名声最大。我有《火种》的初版本，作家出版社一九六三年十月出版，四十五万字，厚厚的一册，封面和插图都是贺友直画的。书中出现了蒋介石、白崇禧的形象，但着墨最多的是柳金松、殷玉花等工人形象。记得小说是以爱吹唢呐的柳金松的死（他的胸口挨了致命的一枪）收尾的。贺友直为之配的插图是：柳金松垂下来的胳膊，掉在地上的唢呐，扑在柳金松身上痛哭的殷玉花，攥着拳头怒视前方的他们的女儿早早。作家这样写道："早早没有哭。柳金松的遗言在她耳畔洪亮地响着。她的视线转向窗外。""就在这一刹那，一个声音在她的小心灵里庄严地宣布：童年结束了，新的生活等在她的前面。……"《火种》是"火焰三部曲"的第一部，下一部的主角应该就是柳的妻子殷玉花和早早了。但这下一部，"文革"后才出版，名为《燃烧吧，上海》，我没有读过，故事是如何发展的，无从猜测。

这次，我对着艾老的耳朵大声问："您的'火焰三部曲'写完了吗？"

他听见了，大声说："没有写完，第三部没有写。"

我又问："第三部计划叫什么名字？"

他回答："叫《燎原》。第二部也不叫《燃烧吧，上海》，原来叫《燃烧》，出版社出书时给改成现在这个名字了。"

清楚了，"火焰三部曲"各部的名字应该叫《火种》《燃烧》《燎原》，这是一组多么整饬又多么响亮的名字啊，不仅预示了胜利的前景，揭示了斗争的阶段性、连续性，视觉效果也很强烈：先是几颗火星落在柴堆上，冒出了一缕两缕青烟，迸出了三朵四朵火花，接着整堆干柴被引着，火苗迅速延烧起来，浓烟滚滚，烈焰腾腾，其势不可阻挡，终于燃成了漫天大火；你甚至听得到那哔哔剥剥的干柴爆裂声，感受得到那燎人肌肤的灼热。《燃烧》也确比《燃烧吧，上海》更加有力。不知当时的出版社是怎么想的，为什么非要在“燃烧”后头添上三个字？是为了指明燃烧的只是上海，别处并未燃烧？还是怕“燃烧”两个字太突兀吓人，添上几个字委婉一些？殊不知这一改，精彩全失，很显拙劣。

《燃烧吧，上海》是上海文艺出版社出版的，我曾想过买他一本，上孔夫子旧书网一查，才知抢手得很，上一本卖一本，价格都在七八十块钱上下，而且还得碰，只好等以后对机会再说了。

二〇一三年十二月十六日

欧阳文彬

欧阳文彬住在番禺路的一幢大楼里。老太太虽已九十三岁高龄，身体却很好，头脑清楚，记忆力好，说话有条理，耳朵一点也不聋，内脏器官也没毛病。唯有眼睛不好是一大难题，看书看不了，写作更不行。老人换笔很早，电脑还是二八六的时候，就开始用电脑写作，但现在却写不成东西了，看不清键盘，看不见

欧阳老总是微笑着　　　　冯传友摄

字，干着急没办法。

眼坏的原因，老人归咎于以前使用电脑太狠，每天长时间坐在电脑前，又不懂辐射和自我保护，时间长了，把眼睛欺坏了，终于变成了“睁眼瞎”。有时想写东西怎么办？打腹稿。把文章从头到尾构思好，每一句话每一个字都想妥帖，然后一句一句说给保姆听，保姆再一句一句录入电脑。可惜保姆文化水平不高，经常打错字，她又改不了，很是苦恼。唯一的办法是封笔不写了，也不再看书，想听什么，就让保姆给她念。

欧阳老做了一辈子编辑，年轻时进开明书店，跟着叶圣陶、夏丏尊、王伯祥、徐调孚等前辈，学了不少本事，长了不少见识。

解放后也编书编杂志，特别是编《萌芽》杂志，培养、结识了不少业余作者。前几天，她还见到了写过《沙桂英》《种子》等小说的工人作家唐克新。唐当年就是她的作者。

欧阳老以写文学评论和散文为主，也写过《刘连仁》这样的长篇报告文学。她晚年出了好几本书：《赏花集》《书缘》《文苑梦忆》《金色年华》等。最让人叹服的，是与剧作家费三金合作，写出了两部长篇小说：《在密密的书林里》和《幕，在硝烟中拉开》。她起意写长篇小说时，已经七十岁了，在小说创作上还是个新兵。她写的全是自己熟悉的生活，但要把这些纷乱的素材组织成小说却并不容易。她为此耗费了巨大心血，白天黑夜都沉浸在构思中，但写出来总觉得不像小说。这样就找到了费三金，两人合作，她写出一章交给费，费再加以润饰。这样完成了第一部，欲罢不能，又合作了第二部。两部都受到了读者好评，有一部还获了奖。有了经验，她本来还想写第三部，可考虑年纪太大了，写一部长篇等于连续行军作战，一两年下来无异于大病一场，最终还是放弃了。她数十年的写作成果，印成了一部五卷集的《欧阳文彬文集》，约二百万字，老人送了一部给我，并摸索着在第一卷的扉页上，签上了自己的名字。

老人很和善，讲话不疾不徐，娓娓道来，脸上始终挂着微笑。

我们告辞时，她坚持要把我们送到屋门口，笑着跟我们道别。

还有个巧事。就在访问欧阳老的那天上午，我和传友兄去瑞金二路的新文化服务社淘书，正好见到两册《书简情·欧阳文彬藏信选》(上海百家出版社出版)，作者有叶圣陶、许杰、陈学昭、张天翼、吕叔湘、章克标、施蛰存、范泉、华铃、骆宾基、孔罗荪等人。原书三十二元，服务社每本售二十元，书品全新。二人当即各买一册，下午就请欧阳老在上面签了名。

二〇一三年十二月二十日

黄宗英

黄宗英近些年一直住在华东医院。韦泱领我们去看她时，她正坐在床边的椅子上看书，见我们进来，把书扣过来放下，书名是《梅兰芳与马连良》。

她当年的丰采已不复可见，与六十六岁拍摄电视片《望长城》时的英姿飒爽也已判若两人，但满头银发依旧，脸模子也依然显示着往昔的漂亮。对我们的突然造访，她表现得很平静，澹定地看着我们，显然对不速之客的打搅已司空见惯。

我对“卖艺黄家”并不陌生，不仅看过他们演的戏、出的书，还跟他们当中的几位有过交往：与黄宗英的老弟黄宗洛和弟媳尚梦初有过一面之缘，聊过天；与黄宗英的老兄黄宗江更熟，不光得到过老爷子的赠书，发表过他投寄的文章，通过好几次电话，还到过黄老家串门，吃过非常地道的“黄门烤肉”。老爷子过世前不久给我打电话，说是年岁大了，没精力接待熟人了，但我和蒋力例外，什么时候来他都欢迎。这等于是发出邀请。可我这人一贯脚懒，答应去看他却一直慎着[①]没去，等再见黄老，他已安卧在八宝山告别室的灵床上，无从交谈了。黄宗英却是初见。

她似乎不怎么爱讲话，起码跟生人话不多，我告诉她我与她的哥哥弟弟都有交往，她听了没什么表示。我又提起前几天在电视里看见她早期主演的老电影《丽人行》，她却说话了：“还看得过去吧？”我连忙说：“太看得过去了，您那会儿可真漂亮。”她听了又没言声。

我请她在我带去的《橘》和《黄宗英报告文学选》两书上签名，她把书打开放在膝盖上，用软笔悬腕很潇洒地题款签名，在第二本上还添了一句：“谢我知音”。手一点也不抖，尽管她也已

① 慎着：北京话，意为拖延、耗着。

八十八岁高龄了。

黄宗英还是演员时就擅写作,出版过散文集《一个女孩子》、电影剧本《在祖国需要的岗位上》等。息影后更是勤于笔耕,尤以报告文学知名,《特别的姑娘》《小丫扛大旗》《新泮伯》《大雁情》《小木屋》《固氮蓝藻》,都是脍炙人口的佳作。我一直以为,二十世纪八九十年代是报告文学的繁盛期,涌现出许许多多报告文学作家,也产生了为数甚多的有影响的报告文学作品,但真正写得好的,不过三五家而已,这三五家中,就有黄宗英。

同来的王振良,是天津《今晚报》编辑,业余还编着《天津记忆》《问津》两种很有特色的小刊物,对黄宗英的写作很关心,问她现在还写东西吗。黄说:“没的可写。”振良马上接口道:“您给《今晚报》写一篇回忆天津的稿儿吧。您在天津住过。”说着,递上一张名片。黄宗英接过名片看了看,也没有明确表示写不写。

最后,我们提出与她合影,她点头同意。待我们在她两边坐好,她脸上瞬间浮起甜甜的笑容,两眼直视镜头,神情一下变得那么美丽。我油然想起多年前和几位评剧演员去看望评剧名家喜彩莲。当时喜已风烛残年,腰塌背驼,很是衰颓。但是一听我们要跟她照相,老太太的腰登时挺了起来,眼睛也尽力睁大,精气神儿像是又附了体。这就是受过专业训练的演员，那种与生俱来的文艺范儿一经激发，什么时候都会迸出火花来。

二〇一三年十二月二十日

附记："卖艺黄家"颇有些来历。黄宗英的曾祖父黄体芳、伯祖黄绍箕、祖父黄绍第，都曾参加康有为、梁启超领导的强学会，拥护变法维新；父亲黄曾铭受先人影响，十六岁即去日本留学，学习电气工程。辛亥革命时任浙江省革命军政府实习厅技正，后来在北京任电话局工程师，很早就声明愿为中国实现电气化而努力，可惜过早去世，夙愿未偿。他有四子一女，老大宗江，老二宗淮，老三宗英，老四宗洛，老五宗汉。宗淮毕业于燕京大学，曾与朱自清的哲嗣朱乔森合著《李大钊传》，"文革"中被殴打致残，一九八四年四月病逝。(以上资料摘自叶祖孚《怀黄宗淮》一文)

周退密

要不是自牧兄带着，我这次到上海，本不打算拜访周退密，因为我与此翁并不相识，对他的诗文也不很熟悉，过访周府，实在唐突。

百岁老人周退密　　冯传友摄

他家住在一座小洋楼里，环境挺清净，进大门上楼梯拐个弯儿，迎面还有一道门是锁着的。自牧在门上剥啄了几下，应门的是一位白白净净、很有些富贵气的老太太。她问我们是谁，事先为什么没打电话来。老太太是周老的后老伴，据说早先是他家的保姆。尽管对我们突然造访有意见，她还是开门让我们进去了。又上了几层台阶，才进了周老家，老人正端坐在客厅的椅子上。

老人穿得挺厚，有点圆鼓鼓的，脸庞干干净净，没有皱纹和老年斑。衣服拾掇得也齐楚，衣襟上一点污渍油迹也没有，显出女主人服侍的精心。正如周老诗里写的那样："光风霁月好仪容"，单看外表，真猜不出这是位百岁翁。

外表整洁，精神也健朗，仍然读写不辍。这也见于周老的诗：“百岁人多了不奇，晨兴把笔夜吟诗。怎知垂老涂鸦手，犹可为人作嫁衣。”“图书新旧乱成堆，随手抽看日几回。珠玉纷呈难释手，愿它千古不秦灰。”周老壮年时，长他十九岁的郑逸梅就对他推崇有加，除了称赞他纂辑《法汉辞典》，兼治金石碑版外，对他所作诗词尤为推许，誉为“求诸侪曹，罕与俦俪”，“诵之翛然而清，渺然而远，幽秀之致，挹之无尽，为之倾折者再。”洵海上一大家也。

老人还来不及认清我们的模样，自牧已用极难懂的山东话，把我们一一介绍完毕，我们也已经跟他握过了手。老太太还对我们的贸然来访表示着不满，说周老年纪大了，受不了这个。周老本人倒没说什么，始终和蔼地看着我们微笑。

自牧送上礼物，对周老说：“这几位朋友都很仰慕您，特地来看看您。”周老连说：“不敢当，不敢当。”自牧又说：“几位朋友想买您几本书，请您签名。”周老说：“不用买，不用买。”还没容我们再说话，老太太在一旁搭茬儿了：“几本呀？我去拿。”不待回答，身影一闪就出去了。

明亮的客厅阳光和暖，环睹四壁，书橱里有书，墙上有字画，雅洁而不寒素。周老的住房不局促，他写作应另有书房，不在此处。

老太太一会儿进来了，手里拿了三种周老的小诗集，每种都叫《退密诗历》，不过有“三续”“四续”“五续”之别，每种四本，问我们：“你们看看够不够？”我们正好四人，每人分得三种。向老太太道过谢，便请周老签名。老人按每个人的名字题写上款，下面不光签了自己的名字，还署上日期、地点，一笔不苟。因为书多，不好让老人太受累，每人只签了一本。我则要了个滑头，让老人给我的领导兼书友徐伟签了一本，还让他在一本上面用软笔题了“芳草地”三个字，算是全签了。

告辞时，周老坚持起身和我们一一握手。老太太又送我们到二道门口。周老家是老式洋房（上海人称之为花园洋房），这种洋房的缺点，是台阶太多，我出门时发现到客厅、去厨房都有台阶，老人最怕摔跤，要特别留神才是。还有，我们几个旋风似的来又旋风似的去，周老恐怕除了自牧，始终也没弄清我们三个是谁，这可真有点对不住老先生的。

二〇一三年十二月二十日

丁景唐

到上海一定要见丁景唐。为什么？第一，丁老是忠厚长者；第二，丁老出版过多种著作，都与左联及鲁迅、柔石、瞿秋白等有关，是著名的学者、作家；第三，他主持影印过《拓荒者》《北斗》《鲁迅杂感选集》等三十年代书刊，于宣传、研究新文学有功；第四，他是一位藏书家；第五，他已经九十三岁高龄了。

丁老也住在华东医院，我们到他的病房，见到的是一位毫无衰朽之气，样子也就七十多岁，动作很敏捷的老人。他引我们到病房斜对面的一个房间，房间中间摆着桌子，两边放着几把椅子，很像一间会议室。丁老说："我们就坐在这里'办公'吧。"我们都笑了。他又转向我，说："你的《芳草地》办得很好。袁鹰他们的读书会还在你们那里活动过。"我想起来，这是说的几年前在京的原上海读书会的成员袁鹰、屠岸、成幼殊等人，曾借我们文化馆会议室搞过一次聚会，而当年这个读书会的负责人正是丁老。我曾在《芳草地》上刊发了这个消息，想不到丁老至今还记得此事。

丁老见到我们，兴致很高，一直在滔滔不绝地讲话。但他的宁波话,比谷林的要难懂得多,谷林的话我尚能听懂十之七八,而丁老的,最多只能听懂三两个字,领会不了每句话的意思。幸有韦泱在旁翻译,还能了解个大概。但中间有一段韦泱出去了,这可苦了我们,丁老依然在跟我们很有兴致地说着,我们却跟傻子一样,全然不知他说的什么。尽管我的脑子一直在转,想把他的意思弄明白,但转了半天也徒劳。我们又不好意思向他承认不懂,扫了老人家的兴,只好咿咿呜呜地点头,佯作明白状。丁老的话"有如东风射马耳",全白费了。直到韦泱回来,话头转到他的儿子丁言模写的《瞿秋白与书刊研究》这本书上,我们才了然了后边丁老说的是什么。原来丁言模利用父亲的藏书,写了一本研究瞿秋白的译作、序言、遗著的书,并且出版了。但丁言模为人朴讷,只会做学问,不善交际,丁老为了对儿子进行鼓励,也为了宣传这本内容独特的书,就亲自签名,把这书送给了许多编辑、熟人、朋友,一则让他们阅读,二则帮助宣传一下。我就曾收到过丁老题赠的这本书。这次丁老又拿出这书,签名送给了同来的振良、传友,又送了一本给我。

我还带去两本书,请丁老签名。一本是丁老和瞿光熙合编的《左联五烈士研究资料编目》,一本是丁老和陈长歌合著的《诗人殷夫的生平及其作品》。丁老见到这两本书很高兴，不假思索，提笔在“五烈士”书上写道：“宗远学友远道来访，以此五十二年之书让我签名盖章，不胜感谢！丁景唐二〇一三年秋于上海华东医院。”在“殷夫”书上写道：“宗远学友持此第一本殷夫生平及其作品来访，十分感谢。此书受当时所能见到的材料限制，以后不断被我们所发现、改正，以致最后一本《殷夫集》最为完整。而且上海民立中学因此专门树立殷夫塑像，年年纪念，良可欣慰。丁景唐二〇一三年十一月廿九日于上海华东医院。”这两段话几乎是一挥而就，思维之敏捷，实非常人可比。

我感觉苦恼的是，与丁老语言不通，无法更好地与他交流、向他请教，这篇简记只能写成这个样子就煞尾了。

二〇一三年十二月二十一日

王观泉

王观泉家住万航渡路，小区对着绿树成荫的中山公园（原兆丰公园），背靠悠悠苏州河，真是个风水宝地。

韦泱领我们叫开他家房门，介绍完，也握了手，他把我们让进了客厅旁边的一个房间。坐定后又问我:“你是哪一位?”我说:“我是谭宗远,咱们见过面,在姜德明先生家。”他这才恍然大悟:“噢,你是宗远啊,我没有听清。”我这才想起,他眼睛、耳朵都不好,要跟他说事,不能打电话,只能写信,因为电话他根本听不见。可巧,他的老伴也是聋子,两人日常说话都是高声大嗓,就跟吵架一样,都怕对方听不见。眼睛也是,他右眼完全失明,只靠左眼零点几的视力看东西、写文章。传友劝他省着点用,他答得妙:“嗨,用不用都一个样。”

他是地道上海人,一九三二年出生,一九五〇年当兵。当兵后一直在外地,一九五九年十万官兵建设北大荒,他随着去了黑土地,先在北大荒,后调哈尔滨,生活习惯和性格都北方化了。他一度想定居北京,因为房子不好解决,不得已才回上海。他蓄着短短的白胡子,中等身材,肩宽背厚,依然很壮实,但看年轻时的照片,却是个文弱书生小帅哥。

他家客厅也兼着书房,桌上桌下、柜里柜外全是书,说是已经捐了两次,但余下的数量依然可观。书房里有个柜子,里边摆满了天南地北的小工艺品,他说没什么值钱的,可在我眼里都很好玩。

书多,找起来就不容易。他要送书给传友和我,站在书桌前上找下找、左翻右翻，先翻出一本他为萧红百年诞辰新编的《怀念萧红》(增订本)，还差一本，就又翻，总算又找到一本。这书他已经送给过我，我告诉了他，他当然听不见，又签名送我一册。他说，这书的难得之处，就在于作者几乎都是萧红的同时代人，与萧红都有过交往，所以值得再出。

他是个重友情的人，不仅与在北大荒改造过的聂绀弩、黄苗子、丁聪交厚，与战友吴步乃、同事王世家也保持着很深的友谊。老友刘洛生死后，他不仅写了悼念文章，还把收集到的刘洛生版画作品，自费印了一本书送人。对亡友张殉，他也一直不能忘怀，新近写了怀念张殉的文章，还总想与吴步乃一起，把他的妹妹找到。他关心的事情太多，喜欢美术，迷过集邮，出版过《欧洲美术中的神话和传说》《鲁迅美术活动系年》《鲁迅与美术》《鲁迅年谱》《陈独秀传》《瞿秋白传》《郁达夫传》等书，精力之旺盛，兴趣之广泛，少有人能比。

补记一下我第一次见他的事情：那天下午，他和王世家先生约好一同看望姜德明先生，约我也到姜宅见面。他带来了两套《独秀文存》，送给姜先生和我，这是他提供原书，由出版社影印出版的。姜先生笑着问他："听说你最近学雷锋，让人撞了还让人走了？"他说："有这回事。那天早上我出去买早点，过马路的时候,有个小姑娘骑辆电动车过来,一下子就把我给刮倒了。小姑娘想走可走不了了,旁边的人把她拦住了。我常出来买早点,好多人都认得我。小姑娘害怕了,支上车过来,要扶我起来。我说:‘你别扶,你走吧。’小姑娘不敢走,还要扶我起来。我说:‘别扶。你要扶我起来,你就麻烦了,你就走不了了。你走吧,快走。’小姑娘这才如蒙大赦,骑上电动车走了。我慢慢爬起来,活动活动胳膊腿,没什么事,就是手腕子戳了一下,这才好。”现在的社会风气,是谁被碰倒了谁就讹人,好心上去搀扶准受牵连。像王先生这么做的绝无仅有。这说明了他的耿介善良。当然,也有点冒险,要是万一碰坏了,你把肇事者放跑了,自己受罪不说,医药费谁掏啊?

二〇一三年十二月二十二日

宫 玺

宫玺在我的印象里,一直是位军人。因为我最早知道他,是读了他那首小叙事诗《鹰》,写一场空战中,我军战鹰与敌机同归于尽的故事。这首诗形式整齐,每行都是三三四的句式,“水连天天连水东海茫茫，海波绿浪花飞哗啦啦响；悬崖陡岩石高海岸矗立，晨光里有一只雄鹰飞翔……”排列得这么整齐的新诗，我以为并不多见，是不是宫先生借鉴了戏曲唱词的写法呢？那时，我绝想不到会跟他认识，而且书信往来还挺频繁。

我们结缘，是因为《芳草地》。我给他寄杂志，他给我回了信，第一封是这样的：

谭宗远先生：

您好！

收到惠赠《芳草地》，快乐得很，也感到意外荣幸。不知您怎么知道我的地址？

《芳草地》印得很美，大方，朴素，别致。正像它的名字一样。

内容也十分丰富，有品位。许多名家，许多富文采的文章，还有照片。真好！

我久已不写什么文字，无以为报。想到手中存有孙犁先生给我的几封信，都不长，但颇有价值，不知贵刊是否需要。如需要，我可以抄写（或复印几封墨迹）寄上，请见示。

即颂

编安！

宫玺

二〇〇四.三.八

我们的联系即从此始。他不仅多次赐稿，还寄书给我，有他自己新出的书：《青青河畔草》《人生小品》《宫玺诗选》《庸诗碎》，也有他供职的上海文艺出版社出的散文集：彭荆风的《泸沽湖水色》、陈村的《一下子十四个》、周佩红的《活着的证明》、蒋丽萍的《非蜜月旅行》和《一朵午荷——洛夫散文选》等。这些散文集，是我托他找，他答应送我的。他在信中说起过找书的艰难，因为居室狭小，许多书不得不打捆塞在床底下，为了找出它们，他用铁丝做了个钩子，趴在地上把书一捆一捆钩出来，把要的书挑出来，再捆好塞进床底。这个工程对于一个年近八旬的老翁来说，太苦太累了。我觉得我太自私，赶紧写信劝他打住，不要再找了。从这件事也可看出，他是很重然诺的。

头几年他来信，说已经封笔，不再写东西，也不再投稿了。说这是老年心态也罢，我却很能够理解，适可而止，见好就收，未始不是一种人生态度，而且我也不认为是消极的。苏东坡有言："常行于所当行，常止于不可不止。"说的虽是做文章，做事情亦不妨如是，不想写了，没兴致了，就可以退出，颐养天年，不必死乞白赖非干下去不可。何况，宫先生最好的诗文已经写了出来，可以心安理得搁笔了。

民间读书年会在上海召开时，我想去他家看他，可他说家里太小太乱，不便接待，还是他来看我。这样，我们在旅馆里见了一面。

他很客气，甚至有些拘谨，没有名诗人那种狂放孤傲的派头。上世纪六十年代，他是空军里数一数二的诗人，受到过空军司令员刘亚楼上将的接见。同时接见的还有写《苦菜花》的冯德英、写歌剧《江姐》的阎肃。他们三人可算得"空军三秀才"。那二位也都写过有影响的空军题材作品，阎肃写了《我爱祖国的蓝天》等歌词，冯德英写了电影剧本《女飞行员》。宫玺更不用说，我有他一九六五年出的一本诗集《蓝蓝的天空》，里面三十八首诗，写的全是空军战士的生活。

转入地方后，宫玺的诗题材扩大了，技巧更圆熟，思想更深刻，诗才真正显露出来。随便抄一首《对镜》，以见一斑："你爱你自己么/你骂过自己出卖过自己么/你丢失过自己么/你四面八方梦里梦外寻找过自己么/你热恋你自虐/你痴迷你彷徨/也许你还没有找到自己/也许你已经找到了/找到是容易的/难的是坚守/在众人坚守不住的时候/坚守你自己”

他是坚守住了自己的,我以为。

二〇一五年一月九日

牛汉点滴

去年九月二十九号，我正在荷兰海牙一家美术馆里看画展，手机响了，《书简》的王金魁发来短信："老诗人牛汉先生九月二十九日七点三十在北京仙逝，享年九十一岁。而宋词先生已于九月二日去世，令人神伤！兄如有怀念文请推荐《书简》发表。谢谢。"我吃了一惊，两位老人的面影立时浮现在眼前，怎么说不在就不在了？我问金魁："宋词享寿几何？"金魁回复："宋词先生一九三二年六月生，应享年八十一岁。"八十一，也算高寿了。

两位老人我都认识。跟牛汉认识更早，接触也更多一些。

牛汉身高一米九，骨骼粗大结实，性格也倔强如牛。他是蒙古人后裔，血脉贲张，豪放之气溢于言表，确是一条硬汉。有一年我们办民间读书年会，他的发言给我印象很深，他说：我这个人一辈子不规矩，所以吃苦最多，解放前坐牢，解放后也坐牢，很沉重；但是我这个人有脾气，小时候是热血青年，现在是热血老年。一个人血冷了还能写诗吗？还能写文章吗？血不能冷！他的话让在座的人血也热了。

牛汉先生在一次诗歌朗诵会上
李学锋摄

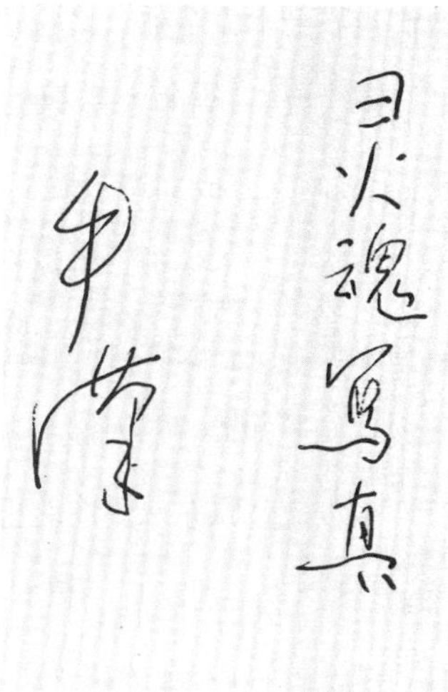

牛汉先生在照片背面的题词

趋炎附势、阿谀奉承与牛汉无缘。他不结交权贵，不崇拜金钱，只和带“土气”和“汗血气”的人交朋友，像艾青、丁玲、方敬、蔡其矫、苏金伞、灰娃、郗潭封、屠岸、邵燕祥这些老辈，食指、林莽、刘福春、张洪波、李辉、郭雪波这些晚辈，都和他交厚。但他也并不记仇。那个把所谓“胡风集团”的私信上交给组织，而加重了他们这些“成员”罪名的人，为许多“胡风分子”所不齿，牛汉却对他比较宽容，在一次聚会上，我亲眼见他和这个人一起交谈，看不出有何嫌隙。他懂得，当年即使没有这个人提供信件，他们也不会幸免于难。此系命运,非关一人。

那次聚会,到的人还有张中行、范用、吴祖光、许觉民、姜德明等,漫画家方成到得最晚。方成不认识牛汉,两人见面,方成说:“这个人我不认识。”牛汉自我介绍:“我是牛汉。你是谁?”方成马上伸出手:“哎呀,你就是牛汉。我是方成,画漫画儿的。”牛汉说:“知道知道。”二人握手,相视大笑。

牛汉家住京东八里庄北里,有一次我去他家,正赶上他家装修,电钻之声尖厉聒耳。想不到就在这噪音中,牛汉穿着背心短裤,在隔壁一间凌乱的屋子里看书写字。他说他不喜欢装修,是儿子史果坚持要装,也是儿子掏的钱,他只好服从。我问他这么吵能看书写字吗,他说:“我不怕,打炮都不怕。”他连着说了好几遍“打炮都不怕”。我可受不了,坐了一会儿就赶紧告辞了。以后每次见他,我都会想起他这句话。能在那么难以忍受的噪音下工作如常,牛汉无疑具有铁的意志。

还有一次去他家,是冬天,我穿着绿军大衣。开门的是他老伴吴平老师。吴老师不认得我,不放我进屋,再三问我是哪儿的。我据实说了,她还不放我进屋,两眼死盯着我。牛先生听到动静出来,才把我招呼进去。我后来意识到,可能是我的军绿大衣,触动了吴老师内心深处的记忆,让她想起了一九五五年那场自天而降的灾难,才对我如此戒备吧。

牛汉是诗人,也是散文家,大半生写诗,晚年则专注于散文,诗和散文都写得好。我最有印象的是那首一九八二年作的《我是一颗早熟的枣子》。这诗仅二十四行,却是他痛苦心灵的写照,诗前"题记"云:"童年时,我家的枣树上,总有几颗枣子红得特别早,祖母说,'那是虫咬了心的。'果然,它们很快就枯凋。"诗人在诗中叹道:"我憎恨这悲哀的早熟/我是大树母亲绿色的胸前/凝结的一滴/受伤的血//我是一颗早熟的枣子/很红很红/但我多么羡慕绿色的青春。"幸喜他这颗早熟的枣子没有枯凋下去,中年又焕发了绿色青春,闪射出夺目的光辉。可以说他真正的写作生涯,是复出以后才开始的。

他还是个编辑家,任《新文学史料》的主编、《中国》的执行副主编。我有一本陈辉烈士的诗集《十月的歌》,作家出版社一九五八年六月出版,辑入了这位二十四岁就牺牲了的天才诗人的四十多首诗,前有诗人田间的引言,后有"作家出版社编辑部"写的编后记。多年后我才听说,这本诗集也是牛汉编的,编后记也出自他手(他当时的处境,不允许他署自己的名字)。我多次想请他在这本书上写段题跋,讲一讲他编这本书的来龙去脉,可老是漫不经心,一拖再拖,现在想请他写也不可能了。

最后一次见牛汉先生，他衰老多了，坐在轮椅上，不能久站，腰也弯了。但他的血依然热，说话依然底气很足。据说他是无疾而终的，早上喝了碗粥，说不大舒服，要躺一会儿，就此长眠不醒。这种死法，多少人祈盼而不可得，牛汉真好修行。

二〇一四年一月二十八日

远看扬之水

人是有慧根的，我对此深信不疑。譬如我，也在书海里冒泡了几十年，终是避难就易，浅尝辄止，连学问的门径也没摸到，落了个老大伤悲的结局。而同时代的扬之水女士，却修炼成了一位真正的学者，不光侪辈要高看她，就连那些已经作古的老先生们，生前提起她也都赞不绝口。这当中起作用的因素固然很多，但慧根无疑是要因之一。愚鲁之人除了放弃还是放弃，是很难有所作为的。

扬之水在三联编《读书》的时候，我就知道她。她那时用的笔名是“宋远”，经常发表一些读书随笔。这个笔名取自《诗经》的“谁谓宋远？跂予望之”，跟我的名字笔画很像，就有熟人问我是不是在《读书》上发文了，我就说那是“宋”不是“宗”，不是我。心里话，我要能写出那么漂亮的文字，在《读书》上常露脸，就不在文化馆混了，早就找个响当当的单位高就去了。

后来听到一些扬之水的传闻，说她曾经在王府井大街操刀卖西瓜，还开过大卡车，而且没上过大学。从劳动人民起家，到那么棒的出版社编那么棒的杂志，又能写出那么棒的文章，这个过程本身就很有点传奇色彩，我不止一次跟人说：太神了。

扬之水没上过大学，并非出于自愿，实属迫不得已。经历过"文革"的特殊岁月，许多青年都丧失了这个机会。但同时，她刻苦自修，读了大量有用的书，又受教于诸多前辈，特别是孙机等大学者，并没有虚掷光阴。钱穆、沈从文、华罗庚、叶圣陶、刘逸生、金克木、唐弢、赵树理、孙犁……这些大学问家、大作家也没进过大学校门，也是这么走过来的。可见，上大学不是唯一出路，关键是路子对头。对这些靠自学成大才的人，我最为佩服，惊为天人。

张中行先生写过一篇《赵丽雅》，有扬之水衣着随便、不施脂粉的"不拘小节"，也写了她超级爱买书，看书看得多且快，文章写得快而好的"特异之处"。老先生有一回看了她的三篇文章，惊异得"简直要喊出来：'你这小丫头片子想干什么？真太可怕了！'"遂对她由"畏"到"喜"，由"喜"到"敬"，确信"虽然千千万万人争着去倚市门，上天却没有断读书种子。"这篇文章在读书圈影响极大，许多读者正是经此文认识扬之水的，我也不例外。

说起来，扬之水还是我与谷林先生交往的"媒人"，而谷林又是我与扬之水"建交"的"中介"。

一九八八年十二月，谷林老出版了第一本书《情趣·知识·襟怀》，我读了以后，写了篇短文，交给了人民日报文艺部的李辉，没多久就在“大地”副刊登出了。几年后的一九九五年七月，忽收到谷林老寄来的新书《书边杂写》。我回信感谢，谷林老来信说：“此次《杂写》印成后，亟想寄一册请政，以不知尊址，耿耿在念。月前又与《读书》编辑部话及，承他们殷勤代与人民日报社李辉同志联系，竟得确息，喜出望外，乃检陈一册，不觉后期已经两月。”这个“《读书》编辑部”不是别人，正是扬之水。

无独有偶，二〇〇三年我编《芳草地》，从谷林寄我的《清泉》报上，见到扬之水写谷林的文章《绿窗下的旧风景》，觉得好，想转载，也苦于没有扬之水的地址、电话，转求谷林老帮忙。老先生回信说：“可笑的是与丽雅君通问逾二十载，信大概写过不少了，却从未给她打过电话，我留在手边的通讯录小本，有地址、邮编，独缺电话号码。”又说：“我有事就找她。正是她代我找了李辉同志始得足下的下落的。”打这儿起，我就给扬之水寄杂志，也和她有了联系。

我惊奇地发现，我与扬之水一度住得很近，她在东总布，我在小雅宝（中间还在大雅宝住过几年），只隔几条胡同，直线距离就更近，也算是老街坊。但到今天，我也没有拜访她的荣幸，一则生性懒散，二则怕给人添麻烦，三则有些胆怯，就连请她签名，也都是委托小书友别问代劳。而实际上，我从心里是很感激她的。

这么多年，我跟扬之水只见过一面，是在《开卷》召开的“《凤凰台上》《我的开卷》首发暨《开卷》创刊百期座谈会”上。会是在德胜门外六铺炕的凤凰台饭店开的，时在二〇〇八年七月十三日下午。那天尽管天气炎热，莅会的嘉宾却不少，从八十上下的翁媪，到二三十岁的青年：方成、吕恩、屠岸、文洁若、姜德明、李君维、陈乐民、资中筠、李文俊、张佩芬、蓝英年、陈四益、蔡玉洗、刘若琴、谢其章、李辉、卫建民、止庵、杨小洲、董宁文、吕浩，还有最不爱出席活动的扬之水。

我事先给宁文打电话，问明了谁到会，顺便带了几本与会者的书，请他们签名，就中也有扬之水的《脂麻通鉴》和《终朝采绿》。扬之水到得早，正和止庵、老谢聊天，我过去跟她搭讪，请她签名。见我拿出的《终朝采绿》，她就说：“哎呀，这书还签。都没人要。”

我说：“怎没人要？这书少见，现在卖得贵着哪。”

“当年书市上，这书踩在地上都没人买。”

“那是那会儿，现在都抢。”

“不是我送的书，我不签名。”

“别介，您别不签呀，我都拿来了。”

看我这么说，她不再坚持，同意签了，说：“那我就写个名字，不写上款。”遂提笔在《脂麻通鉴》扉页上题了“扬之水　戊子小暑后”，在《终朝采绿》扉页上题了“扬之水　戊子大暑前”，竖式，蝇头小字，清雅端丽。有意思的是，一为“小暑后”，一为“大暑前”，还是动了一点心思的。

签完这两本，我请她在刚拿到的新书《我的开卷》上也签了名。

签完字，她忽然问我：“哎，你怎么不给我寄《芳草地》了？”

我顿时有点狼狈，说：“我以为您不爱看哪。”

“怎么不看呀？一直看。”

“那我再给您寄。”

打那以后就一直寄，直到今天。她能惦着这本小刊，我是很高兴的。

扬之水并不是个端架子的人，这几年，我陆续得到过她的赠书，还得到她惠赠的一幅墨宝：“清欢。”她自调到中国社科院文学所后，得其所哉，施其所长，出版了好多书，净是些大部头的，内容很专，我这样的浅薄之徒，根本看不懂，看了也白看，只能读

《采蓝集》《梵澄先生》《〈读书〉十年》这类读来不费力的书。我很喜欢《〈读书〉十年》这部日记，精装三大本，没事就翻翻。这里面的扬之水，是《读书》杂志的台柱子，看稿，发稿，读校样，接待作者，跑东跑西接洽、取稿，又勤勉，又能干，又好学，又顾家，又好吃，又合群，工作是工作，读书是读书，家庭是家庭，吃是吃，玩儿是玩儿……什么什么都挺合拍，离我们并不遥远。

但是，我毕竟和她接触有限，她的学问又远在我这样的凡夫之上，故只能起这个题目。谨以此文表达我对扬之水老师的敬意。

二〇一四年十二月十五日

二

玩物成家古所无

一

人的一生能做多少事？这个问题很不容易回答。有的人终其一生可以一事不做，吃饱了混天黑，浑浑噩噩一辈子。也有的人在各自的领域取得了成就，甚至大成就，名重一时。但像王世襄先生这样的人，不夸张地说却是并世无两，也许竟是前无古人，后无来者。

他在许多领域均有建树，是名副其实的专家，又是名副其实的杂家。

他会什么？我一时也说不全。笼统地说，老北京五行八作的事没有他不知道的。有一次无意说起话剧《天下第一楼》，他对妓女被带进饭馆过夜这一情节颇不以为然，认为此乃东家所不许，行业所不容，纯属胡编。他还顺带指出某些京味小说虽然有名，却写得“根本不是那么回事”。只是他无心把这些看法写出来发表罢了。

若干年前,我写过一篇小文,对王先生都会什么有个简括的介绍,为图省事,且抄在下面:

王先生家中累代为官,书香远播,他自幼受耳提面命,亦通晓文史辞赋、音乐书画,说得一口纯正的英语,并在燕京大学研究院获硕士学位。然先生始终心有旁骛,只恋一个"玩"字。他玩的东西五花八门,粗算就有蟋蟀、鸽子、大鹰、獾狗、掼交、烹饪、火绘、漆器、竹刻、明式家具等。他玩这些不为消遣,而是真心喜爱。为了得到爱物,他舍得花钱,舍得搭功夫,甚至为之长途跋涉、餐风饮露亦在所不辞。为了穷究玩物的底里,又与许多平民百姓交朋友,虚心请教,以求博洽多闻。沉潜既久,他于诸般玩技靡不精通,可称"家"者就有诗词家、书法家、火绘家、驯鹰家、烹饪家、美食家、美术史家、中国古典音乐史家、文物鉴定家、民俗学家等。随"家"而有的是他的几十部著作,如《中国画论研究》(未刊)、《中国古代音乐书目》、《髹饰录解说》、《竹刻艺术》、《中国古代漆器》、《明式家具研究》、《北京鸽哨》、《说葫芦》、《蟋蟀谱

集成》，多为皇皇巨册，亦全为填补空白之作，凝聚了他几十年的心血。

说这样的人空前绝后，该不为过吧。

二

数年前，王世襄先生把他的文章选了一下，编成了一本书，起名《锦灰堆》，交北京三联书店出版。不知何故，待书出版时已经又过了好些年。接到样书的一刻，我想王先生和夫人袁荃猷一定有松了口气的感觉（袁先生为本书出力甚多，详见王先生撰写的后记）；而喜欢这书的朋友，眼睛也会为之一亮，毫不犹豫地掏钱把书抱回家。

这是本精美而又奇特的书。

精美：全书共分三卷，二十开见方的本子，封面以清刻本《吴越所见书画录》书影和织锦纹样作底，暗黄色，古朴大方。王先生手书书名赫然印在上面，十分悦目。书内正文分为两栏，版心不大，正文与书口间留白很多，十分疏朗（第三卷诗词卷又有不同，竖排，影印他们夫妇的手迹，天地很宽，有线装书味道）。书内除附大量插图外(其中二百多幅精细线描咸出自袁荃猷先生之手),还附有许多彩色图版,令人爱不释手。

奇特:这一点无须多说,大到明式家具,小到秋虫冬虫,举凡跟工艺、美术、吃的、玩的相关的,无所不谈(包括家具、漆器、竹刻、工艺、则例、书画、雕塑、乐舞、忆往、游艺、饮食、杂稿、诗词十三类)。而且不做泛泛之言,内容扎实可靠,读来如入宝山,获益多多。

《锦灰堆》的名字出自"元钱舜举作小横卷,画名《锦灰堆》",王先生以《锦灰堆》名此集,带有自谦的成分。但我们只觉得这些文章乃是锦绣,何"灰"之有?

三

要评价王先生这本书,非我能力所及。其中许多东西我见所未见、闻所未闻,还有许多东西根本不懂,就是想谈也无从谈起。我是从文学和民俗学的角度读这本书的,因而家具、漆器、工艺、则例等方面的文章就跳过了,把兴趣注入到了忆往、游艺、饮食、杂稿、诗词上。后面这些文章也确实更显露了王先生的真性情。

在《怀念梦家》中，王先生讲了他学生时代的一件事。那是他和陈梦家先生作邻居的时候，有一天深夜，他和一帮人牵了四条狗去玉泉山捉獾，拂晓归来，因园丁熟睡无人应门，他们便拼命打门，把陈梦家夫妇吓坏了，还以为来了强盗。这事颇能说明青年王世襄身上有股虎气，这股“气”用在玩上，必是玩得“昏天黑地”；用在干正事上，也必有所成。“天生我材必有用”，他在玩和干正事上都很出色。

且看他玩。《北京鸽哨》《秋虫篇》《冬虫篇》《獾狗篇》《大鹰篇》集中描述了他的玩，那真是痴迷到了极点。为逮蛐蛐儿，他能绝早出城，顶着太阳满头大汗地在草窠里踅摸，或深一脚浅一脚地在野地里摸黑转悠，得到只好虫便欣喜若狂。为养蛐蛐儿，他肯一罐儿一罐儿地给蛐蛐儿打扫卫生、换水、喂食，一干半天，伺候上百罐蛐蛐儿而不烦。他还写诗，异想天开地想变成蛐蛐儿，在罐儿里住上几天，诗曰：“万礼张盆碧玉池，鹦哥过笼庇雄雌。缩身恨乏壶公术，容我悠然住几时。”熬鹰更如此，吃过晚饭，右臂戴上“套袖”，把鹰一架就出门了，从朝阳门溜溜达达走到前门五牌楼，跟几位同好聊到夜静人稀才分手。然后填填肚子奔西城，踩着落叶，专挑远道，来到一家夜茶馆，又是一通海聊。然后又出发，到德胜门晓市，直到日上柳梢头才交班回家，在外头整整逛荡一宿。“文革”中大家都在与人斗，他也未忘了玩，秋分、霜降晴朗时，常在山中捉蝈蝈儿，以此排忧。这几篇写于暮年的文章，感情浓烈，叙述详明，文笔极佳，并且保留了像《相狗经》这样珍贵的资料，很有文献价值。

再看他干正事。只举一篇《回忆抗战胜利后平津地区文物清理工作》为例。这是王先生生平最值得骄傲的一段经历。一九四五年日寇投降后，他成了清理战时文物损失委员会的成员，由重庆赴平津区办事处工作。在以后的几年里，他参与了许多重要活动，没收了德国人杨宁史青铜器二百四十件，收购了郭葆昌的一批藏瓷，追回了美少尉非法接受的日人瓷器，帮助抢救了一批自宋至清的丝绣，接收了溥仪存在天津张园的一批文物，接收了海关移交来的德商德孚洋行的一批物品，使这些东西(其中不乏国宝)或免于外流，或免于毁坏，或免于散失，为保护祖国文物遗产做出了卓越贡献。他还亲赴日本办理过追偿文物的工作。这些追讨足以说明王先生关键时刻堪当大任，远非简单的一个“玩家”所能定评。

还是袁荃猷先生的《大树图》道出了王先生是怎样一个人。这是一张刻纸作品，画面是一棵树冠圆形的大树，分十五项，把王先生一生所爱刻在上头，昭示了他一生的成就。袁先生还对每一项做了说明，其第四项云："范匏工艺在解放后濒于灭亡。世襄《谈匏器》《说葫芦》的问世，救活了我国这一独有的传统工艺，现在已有不少人从事生产了。"使我知道，原来范模生长的葫芦能够复苏于今日，乃王先生一人之力。以后还得知，王先生谈明式家具的几本著作，也使一些厂家由此找到了津梁，生产出了合乎规格的传统家具，获得了很高的经济效益。有的厂家为了表达谢意，还专程进京，给王先生送来紫檀家具，王先生不要，这些厂家说什么也不拿回去，无奈，只好收下。

王先生——一棵大树，一个现代中国的奇男子。

四

"大玩家王世襄"，此说由来久矣。了解了王先生是怎样一个人，我们自会得出结论：此说并不全面。

他玩过，玩得比一般人花哨，比一般人蝎虎，比一般人精到，以致大学老师也拿他没办法。但他不是一味傻玩，该用功时也能埋头书卷。要不他的书法、诗词、英语怎么会那么好呢？他一生都得益于这三方面专长。事情还远不止此，最可贵的，是他能留心各种玩的学问，广泛结交有一技之长的玩友，真正做到了虚心请教，用心钻研，并且广泛搜集资料，或一篇篇、一本本形诸文字，或把某一专题的资料辑录起来，配以图片（包括袁先生精心绘制的图样），为人们留下可资追慕的旧日生活图景。没有他的辛勤劳作，这些东西随着岁月流逝，恐怕都要烟消云散了。

过去在一般人眼里，架鹰走狗斗蛐蛐儿，是游手好闲的市井之徒所为，经王先生描述和总结，这些东西立马升格，一变而成为了文化，这是很了不起的。王先生为此耗费的心血，恐怕只有他们夫妇最清楚。这种耗费，值！

难怪黄苗子称赞他“玩物成家古所无”，启功也说他“不是‘玩物’而是‘研物’”，“不曾丧志而是立志”。所谓大玩家的说法，看来应该休息了。

王先生能够取得这些成就，与思想解放、政治清明的时代也有极大关系。倘若倒退二十几年，整个中国都在阶级斗争的狂风恶浪中颠簸起伏，养猫养狗养花尚且被斥为“地主资产阶级生活方式”，更何况提笼架鸟玩鸽哨？这样的文章即使写了，也只好“藏之名山”，不可能得到发表。王先生老了老了，赶上了好年头，得以充分发挥余热，干自己想干的事，这是王先生之幸，也是我们这些追捧他的读者之幸。

一九九五年二月,作者与王世襄先生(右)合影于芳嘉园胡同王家旧宅

五

我认识王先生时间不长,最初的印象是他衣着极随便,为人极朴实,谈吐极随和,就像饭馆里一位掌勺的大师傅,绝想不到他是国家文物局文物研究所研究员、中央文史研究馆馆员。现在他给我的印象依然如此。我喜欢这样的知识分子,讨厌那种油头粉面酸文假醋的文人,因而王先生给我的印象一直很好。

他打小就住在朝阳门内芳嘉园胡同。这条胡同早先确实不错,靠近城根儿、日坛,离东单东四王府井也不远,去哪儿都很便利。现在胡同已经老旧破烂，早无“芳嘉”可言，房子院子也都老了，屋里冬天挺冷，再加上有个街坊成天做黑白铁活，叮叮当当，吵得人不安生。老两口一咬牙搬了家，离开住了一辈子的老屋，住进了朝阳门外一套敞敞亮亮的大公寓，暖气热，阳光足，蝈蝈儿在阳台上叫得欢，还有两盆葱绿的水仙、几盆比利时杜鹃开得艳，活得很乐观。前一阵，王先生闹腿疼，说是一种叫嘌呤的物质在体内过多，形成尿酸，在骨关节沉淀下来引起的，医生关照他别吃动物内脏和海鲜了。王先生谨遵医嘱，按时服药，腿不疼了。我们春节去看他，他同我们一起下楼，已行走如常。

因为在看即将出版的《明代鸽经　清宫鸽谱》一书的校样，他跟我们谈了许多跟鸽子有关的话题。他说，中央电视台第一套节目每天播晨曲，画面上有升国旗的庄严仪式，接着一只白鸽飞来，这只鸽鸡头长喙，长相很丑，一望而知是美国的食用鸽“落地王”。每看到这里，他心里就不是滋味儿，觉得有损国格和自尊心，难道我们国家自己就没有好鸽子吗？我国有信鸽协会，却没有观赏鸽协会，这是个缺欠。其实，我国鸽子品种很多，光北京就有六十多种，蓝点子、紫点子、老虎帽、灰玉翅、黑玉翅、紫玉翅、铁翅乌、铜翅乌、斑点灰、勾眼灰……这些鸽种都是前人辛勤培育出来的，我们如果不重视，很可能绝种。他希望我国对观赏鸽的培养能够重视起来。为此,他给各省市园林局广场鸽管理处写了封公开信,呼吁此事,期望能够得到积极的回应。

王先生今年八十六岁,看他神清体健的样子,我们都祝愿他再写出几本书来。

二〇〇〇年二月二十九日

文物郎中

郎中者,医生之谓也。

文物郎中者,给文物看病的医生之谓也。

或曰:文物也有病吗?怎么没有,且病得不轻。君不见一件古铜器出土,很少是完整无损的,不是碎成了片片,就是锈成了蛋蛋,还有的缺胳膊短腿,某部分氧化得再也找不着了。要想复原怎么办,只有去找“文物郎中”,他们有一双神手,能医好文物的“病”,使它完好如初。我们在博物馆看到的古铜器那么完整光鲜,连个裂纹都找不见,就都经过他们妙手的整治。

这里介绍的这位“文物郎中”,叫贾文忠,是九三学社社员,中国农业博物馆民俗(文物)研究室主任、副研究员,兼中国文物学会修复委员会秘书长、中国文物学会文物鉴定委员会委员、中国文物保护技术协会常务理事、中国民俗学会副秘书长、中国少数民族文物保护协会常务理事、北京博物馆学会保管委员会副主任、中央电视台《艺术品投资》顾问。

这么多头衔,一定是个老头子吧?否。贾文忠头衔虽多,年纪不过四十出头。

一

贾文忠修复文物的手艺,是跟父亲以及父执学的。

光绪年间,北京有个修古铜器的作坊,叫“万龙合”,是个绰号“歪嘴于”的太监开的。“歪嘴于”死后,徒弟张恩泰继承了他的衣钵,把“万龙合”改为“万隆和古铜局”,开创了铜器修复业的“古铜张”派。贾文忠的父亲贾玉波,即是“古铜张”的再传弟子。

贾老先生一生修复的古铜器不计其数,文忠小时候玩过一种玻璃版底片,上面全是商周铜器,有上千张,这些就是贾玉波他们早年修复的铜器照片。可惜的是,这些铜器很多流失到了国外。解放后,贾玉波在中国历史博物馆为中国通史陈列搞文物修复工作,参与修复、复制了国宝重器司母戊鼎,还参加了西汉长信宫灯、马踏飞燕、秦俑等国宝级文物的修复和复制工作。他的一个徒弟这样称赞这位老师:“贾玉波老师是在从旧社会过来的老一辈修复工作者中最具有‘创新’思想的代表,他无论是在修复、复制、铸造还是打錾、鎏镀金银方面,样样都是高手。”

文忠生在这样一个家庭,不能不受父亲这一行的影响。

父亲爱养花，为了省几个钱，花盆用的都是烧坏了的文物复制品，不是绳纹陶鬲，就是半坡彩陶盆。有时，还带回一些做坏了的唐三彩小马、小俑给孩子玩。文忠很喜欢这些东西，捧在手里一个劲儿地看，小心眼儿里便萌发了对文物的兴趣。有时父亲在家帮朋友做一些活，顺便教孩子们怎样修理铜器、粘接陶器，他也都记在心里。有空他还爱往父亲的工作室跑，看老师傅们干活，边看边记，不懂就问，学到了许多文物修复的方法和知识。他后来成为“古铜张”第四代传人，能够著书立说，跟这段经历是分不开的。在贾家，跟他有同样兴趣的还有他的大哥文超、二哥文熙、三哥文珊和弟弟文进，哥儿五个都干上了文物修复这一行，如众星捧月一般拱卫着父亲，形成了文物界有口皆碑的“贾氏文物修复之家”。

文忠学文物修复，走的是兼容并包的路数，不囿于一家一法，而是像蜜蜂采集花粉那样博采众长，所以他的老师特别多，成长也特别快。我跟他聊天，往往为他会的东西多而杂感到惊讶。他跟名画家胡爽盦学过画虎，跟篆刻名家傅大卣、大康(殷)学过治印，临过《清明上河图》《富春山居图》和敦煌壁画，为北京孔庙复制过吴道子画的“孔子行教像”石碑，为北京郭沫若故居复制过郭老给吴晗的条幅，还复制过闻一多、茅盾的墨迹，均达到了乱真的地步。他认为，搞文物修复必须好学不倦，掌握的能耐越多越好，这样方不至于“嘬瘪子”①。

为北京孔庙大成殿修匾，给他的这个见解提供了最好的证据。

大成殿有九块清朝皇帝题字的金匾，分别是康熙的“万世师表”匾、雍正的“生民未有”匾、乾隆的“与天地参”匾、嘉庆的“圣集大成”匾、道光的“圣协时中”匾、咸丰的“德齐帱载”匾、同治的“圣神天纵”匾、光绪的“斯文在兹”匾和宣统的“中和位育”匾。这九块匾，在二十世纪初“打倒孔家店”的呼声中摘了下来，扔在一个库房里，一睡六十年，无人过问，上面积了两寸厚的灰土。直到上世纪八十年代恢复孔庙，才又重见天日，可是当年金碧辉煌的样子已不复见，破破烂烂的，字也剥落了。

这时，贾文忠刚刚二十出头，接受了修复这九块匾的任务。这些匾每块长五米、高三米，每个字都有一米见方，从除垢、给破损的地方打腻子、刷佛青地，到给字涂金粉，他溜儿溜儿干了一年多，恢复了九块匾的原始面貌。其中，嘉庆那块匾上“圣集大成”的“圣”字，剥蚀得完全看不清了，他就揣摩嘉庆的笔意，用布

① 嘬瘪子：北京话，意为遇到困难、挫折。

团蘸墨写了个“圣”字,用粉笔勾出来,再用腻子把字堆出来。他幽默地说:“我也当了回皇上。”他写的这个“圣”字,跟“集大成”三字融为了一体,毫无破绽。现在,这九块匾仍然高悬在大成殿。曲阜孔庙如今悬挂的匾,有的也是从他修复的匾上拓取资料重新制作的。

二

最叫贾文忠自豪的经历,也许是修复三门峡西周虢国墓地出土的青铜器文物和修复江西新干县出土的商代青铜器文物了。

三门峡西周虢季墓的发现,为一九九〇年国家十大考古发现之一,国家文物局、河南省文物研究所和三门峡文物局非常重视,一九九一年五月,特聘贾文忠参与并指导其中青铜器文物的修复。这年他刚满三十岁。

虢季墓出土的青铜器繁多,其中最有价值的是那套君王编钟。这是迄今发现的西周晚期最珍贵的一套编钟,共八件,总重一百四十六点七五千克,形制为合瓦形,每个上面都有铭文,四个大的均为五十一个字。出土时,这些编钟多已破碎,经过文忠的辛勤劳动,不仅恢复了编钟的旧貌,而且声音依然那么清越,那么准。除这套编钟外,他还修复了七件一套的铜鼎和壶、盘、匜等铜器三十余件。这些文物以崭新的面貌参加了一九九二年国家文物局在故宫举办的文物精华展。

江西新干县出土的商代青铜器有几百件,其中的兽面纹卧虎立耳铜方鼎,高二十九厘米,长二十一厘米,宽十四厘米,造型和纹饰与中原殷商文化的铜器相似;罕见的是,它的立耳上各有一个造型新奇的卧式小老虎,被定为国家一级文物。这件铜鼎出土时严重变形,碎成了十几片,有的部分已经腐烂无存。文忠经过精心修复,也使它焕发了新的生命。

修复一件青铜器,是十分繁难的,大体要经过这么一些步骤:一、清洗,用蒸馏水把铜块表面变硬的泥沙清洗下去;二、除锈;三、整形,用锤打、支撑、顶压、撬扳等方法复原形状;四、焊接,用锡焊或粘接的方法把碎片按原状粘连起来;五、补配,补足缺失的部分,有时还要在补配的部分上雕刻、錾花;六、做锈,用化学的方法表现出腐蚀生锈的效果。这些过程既需要高度的技术,也需要高度的耐心,常常一坐一站就是一天,累得腰酸背疼,两眼发花,头都大了。如果不具备平实的心态和十分的精细,没有对文物的一腔热爱,是断断干不了,也断断干不好的。

文忠修复文物时，手不闲着，心更不闲着。每件文物在他手里最少三五天，长的能有两三个月，可以说他把它们都吃透了，如何制造的，纹饰特点，铭文内容，锈蚀或损坏程度，锈迹色泽，出土时的情况，全都看在眼里，记在心上。这已经不是单纯的文物修复，而是上升到研究的层面了，修复完了，研究课题也就完成了。处处留心皆学问，他的丰富经验就是这么一点一滴积累起来的。他能够成为一名不仅精于修复，而且长于复制和鉴定的专家，不是偶然的。二十多年来，经他修复、复制、仿制的文物古玩，如铜器、瓷器、陶器、唐三彩、碑帖等，已经达到了上千件。

他给我讲过这样一个小故事：二十世纪八十年代末的一天，他骑着三轮车，车上铺着棉被，把两位老人从家里接到他工作的中国农业博物馆。这两位老人，一个叫王文昶，一个叫赵振茂，都是国家级文物鉴定专家。他请他们干什么？让他们看他修复和复制的文物。两位专家兴致勃勃地一件一件看完了，非常高兴，对他修复和复制的东西给予了很高评价，并鼓励他接好父亲的班。

他还保存了一封贾兰坡给他写的推荐信，这位著名的古人类学家，对他的技艺也是推崇备至，贾老写道："我认为中国传统文物修复技术是中国的国粹，应当加以重视和弘扬。当前从事文物修复人才匮乏，贾文忠同志为此项事业做出了贡献，是不可多得的人才。”

这都说明他把文物修复和复制当成了事业在热爱着，是自觉地在这个领域里探求和发展着。

说到文物鉴定，文忠认为，只有多看才能有比较，也才有资格谈鉴定。他有个好条件：见得多，经眼的文物成千上万，久而久之，眼力锻炼得高了，达到了所谓“心细如发，眼明如炬”的程度，自能辨出真伪。他要求自己一定要谦虚谨慎，不断学习，决不自满自足。他经常到外头讲课，把自己的心得毫无保留地传授给别人，也发表过多篇论文，出版了《文物修复与复制》《贾文忠谈古玩赝品》《古玩保养与修复》等专著。但他仍在抓紧学习，在北京大学考古系硕士研究生班上课。二〇〇二年十月二十到二十四日，他出席了在上海召开的国际博协亚太地区第七次大会，在提交的论文中提出了“传统修复技术是无形文化遗产”的观点，受到了与会代表的重视。他愿修复、复制、鉴定等从业人员不要断档，技术不要失传，做到“江山代有才人出，各领风骚数十年”。

三

贾文忠的工作室在中国农业博物馆院内，一栋独立的小屋，门外墙上挂着大康用金文体文字书写的一块古铜色牌子:“中国文物学会文物修复委员会”。屋内堆满了各种待修复的汉代陶楼。小屋面对一个小湖,屋后一片竹林,即使白天也很少见人,非常幽静。文忠爱竹,这片竹子是他亲手栽的,当时只种了四棵,几年时间就长成了一片,显示了竹子特有的旺盛生命力。东坡居士有云:“宁可食无肉,不可居无竹”,这片翠竹使这个小环境变得雅静极了。

文忠是个很会生活的人,喜欢和有学问的人交往,他的忘年交有贾兰坡、李学勤、单士元、朱家溍、耿宝昌、罗哲文、史树青、王世襄、康殷、孙轶青、吕济民等,都是七八十岁以上的老翁,某一方面的专家。文忠跟他们在一起,执弟子礼甚恭,从他们身上学到了不少知识和做人的道理,受益匪浅。

他的室名堂号的来历,就蕴藏着他与这些文化人交往的有趣故事。

他有个堂号叫“铜斋”,是老舍夫人胡絜青起的。文忠是老太太家的常客,有一次跟老人聊起自己想取个堂号,可苦于老想不好,想请老人帮帮忙。老太太说:“你净跟青铜器打交道了,我看就叫‘铜斋’吧。”当即挥毫写了“铜斋”二字送给他。这是文忠的第一个堂号。后来有一次他去拜访山水画家何镜涵,见何先生家有个匾，是书法家萧劳写的，他很喜欢，就想请萧老也给他写个堂号。萧劳家住方庄附近的玉蜓桥，他的老师大康住在蒲黄榆，去老师家路过玉蜓桥，他有时也上萧老家坐坐。这次他就对萧老说想请他写匾，九十二岁的萧老慨然应允。老先生说："别写'铜斋'了。你叫文忠，就给你题个'闻钟书屋'吧，跟你的名字正好谐音。晨钟暮鼓，提醒你每天早起多看点书，多学点知识。"这样，他又有了第二个堂号。此外，还有许多老先生给他题过堂号，大康题过"金石世家"，欧阳中石题过"青铜传家"，李铎题过"千镜墨影之堂"（文忠集藏了许多古铜镜的拓片），还有廖静文、冯其庸、程思远、王定国等人，都给他题过字。他非常珍惜这些墨宝。

文忠好玩，凡与金石、书画、篆刻、文物沾边的样样喜欢，比如做蛐蛐儿罐。

蛐蛐儿又叫蟋蟀，是秋虫中之善斗者，每到秋季，不少人对这种小虫发生兴味，四下寻觅捕捉，精心喂养，并寻找对手，从两只小虫的厮杀和鸣叫中体会乐趣。养蛐蛐儿离不开蛐蛐儿罐，据文物专家王世襄说："蟋蟀盆有南北之分，主要区别在南盆腔壁薄而北盆腔壁厚，这是南暖北寒的气候决定的。""北京盆罐为养家所重者有两类，亦可称之为两大系列，即'万礼张'与'赵子玉’。”(《锦灰堆·秋虫篇》)文忠所做的蛐蛐儿罐,学的就是“万礼张”和“赵子玉”。

粗看起来,蛐蛐儿罐不过是个素面泥盆,造型简单,可做起来并不容易。首先是备料,要选择酸碱度适宜的土,冻一个冬天,再经过一夏天的雨淋,而后晒干,将泥土的“泥性”去掉。这还不算完,还要用井水浸泡,用绢罗澄浆,沉淀半个月,淘去余水,来回搓揉,使泥成熟了,才谈得上制出泥坯。泥坯做好后阴干,然后压光,放在背阴处搁个把月,再进窑烧制。每窑大约烧百八十个,火候在九百五至一千摄氏度左右,烧十一个小时后停火,再经十个小时的自然降温,一件上好的蛐蛐儿罐才完成。文忠做的蛐蛐儿罐,盖子上都有款识,为:“贾文忠字闻钟号铜斋”。他的蛐蛐儿罐做工好,获得了行家的一致好评。我有幸得到一个,捧回家收藏至今。

人的生命是有限的,但人的潜能是无限的。我们之所以常常抱怨这辈子没有活好,往往跟我们浪费了生命,没能挖掘潜质、抓紧做事有关。但贾文忠是不会有这类叹息的,他充分发挥了人的潜能,做了他所能做的一切。他刚过四十岁,已经做客央视《东方时空》,接受了《东方之子》节目的采访。他是文物修复界第一个走进这个节目的人,他的名字和荣耀的“东方之子”联在了一起。我至今记得节目的名字——《国宝在他手中复生》。一个可以使国宝复生的人,他的生存价值是再怎么估量也不会过分的。

二〇〇六年四月

告别翁老

翁偶虹先生以八十六岁高龄告别了这个世界。当我匆匆赶到八宝山，随着吊唁的人流步入灵堂，向老人的遗体三鞠躬时，不禁想起两年前见到老人的情景。

那是个春和景明的日子，我和老友宝文，由翁老的弟子张景山接引，来到德外塔院老人的住处看望老人。

午睡才起的翁老看上去精神不错，面色红润，一部美髯根根皆白，望去像一团雪。他和蔼地请我们在沙发上就座，然后抽着纸烟，用浑厚的嗓音谈起一桩桩梨园旧事。老人的记性好得惊人，不仅能够细数名伶金少山的种种异行，详叙沈蓉圃的"同(治)光(绪)十三绝"这幅名画的来龙去脉，而且记得某事发生的准确时间、当时的天气是晴是雨。

而实际上，老人这时已有了力不从心之态，腿脚不那么灵便了，写作也难以持久，加上老妻又因腿伤卧床，生活并不如意。我和宝文对他的处境很表同情，也知道这样的拜访恐怕未必再有，事先买好了糕点水果送给老人，以略表我们对他的敬意。告

翁偶虹先生(右)与袁世海先生聊戏　　　　张景山摄

别时,我的心情并不舒展,我觉得翁老正像一个在海上漂泊了太久的老水手,从风色涛声中闯过来,身躯疲惫了,精神倦怠了,很想好好歇息歇息,却找不到一个可以停靠的码头,恢复体力。

这是我和翁老唯一的一面。我于京剧是外行,自认够不上他的知音,他一生编写的京剧多达百余出,我却仅看过两出——《锁麟囊》和《红灯记》——还是从电视和电影里看的。我尊敬他,一半是因为他写了《红灯记》,"穷人的孩子早当家""我家的表叔数不清""浑身是胆雄赳赳""十七年风雨狂怕谈以往""狱警传似狼嚎(我)迈步出监"……这些唱词太精彩了;一半是因为我是他的读者。我曾经逐字逐句地读过他的散文集《北京话旧》(百花文艺出版社一九八五年七月出版)和长篇回忆录《翁偶虹编剧生涯》(中国戏剧出版社一九八六年十一月出版)。这两本书,前者弥散着老北京市风民俗的酒香,令人沉醉;后者充满了才思敏捷的睿智,令人心折。两书展示了翁老精神世界的两个侧面,既富有深湛的艺术情趣和修养,又具有坚韧不拔、献身艺术的高尚情操。这两本有着老人手泽和签名的书,我保存至今,现在益发成了我的爱物。

老人自称是个"职业编剧者",从编写第一部戏《火烧红莲寺》起,到最后一部戏《红灯记》止(他戏称自己的编剧生涯是"红起红收"),其中一部分未获演出,演了的只占十分之六,却不乏《将相和》《闹天宫》《响马传》《赤壁之战》这样的经典之作,这个成绩在同代人中无人可比。他还写了大量文章和诗词,字数也极可观。一个人的一生有这些成绩,按说可以无憾了。但对别人也许是这样,对翁老则未必然。张景山在悼念翁老的文章中透露,老人还计划编写三本书,除《翁偶虹剧作选》即将出版外(还是向他要了一万元赞助费,出版社才接受书稿的),《演戏与看戏》(即《翁偶虹编剧生涯》的姊妹篇)和《翁偶虹戏剧脸谱论文集》仅留下了写作提纲,还未正式开笔。这个损失应该说是巨大的、无法弥补的。谁都清楚,老人是京剧界的一座宝山,脑子里有一部活的京剧史,许多京剧艺人只有他熟识,许多梨园掌故只有他知晓，他不讲出来，后人将永远无从得知，这些东西随着他的故去，就等于永远地消失了。假使早些年有关部门能够从生活上给老人以关照，从写作上给老人以帮助（如配备得力助手等），这些遗憾就不会存在了。“往者不可谏，来者犹可追”，所幸文化部高占祥副部长已经表示，要组织人力物力尽快出版《翁偶虹剧作全集》，果能如此，老人还会得到一丝安慰，虽说这安慰来得太迟了。

疲惫的老人终于找到了可以停靠的码头，休息了。您应该忘掉遗憾，抚髯微笑，为了您充实的生命，为了您丰厚的成就。

一九九四年十月

梁树年与张大千

名画家梁树年是张大千的学生，与张大千订交于抗战前夕，成为师徒则在抗战胜利以后。这里面有一段看似平常却有缘法的故事。

一九三六年冬，梁树年带白雪石、郭北峦、证和（僧人）等几个学生，在北京中山公园水榭举办画展。水榭景色宜人，地点又好，是办画展的理想之地，画家们也多与水榭经理李子绶相熟。

展览开幕后，一个刮风欲雪的天气，客居北京的张大千，由琉璃厂经营书画的周殿侯陪同，前来参观。出乎梁树年意外，张当场选购了梁的两张画。这时张大千已是名重天下的大画家，画风新颖，学大涤子（石涛）能得其神。尽管崇尚“馆阁体”的北方画家对他“在野派”的表现手法看不惯，予以排斥，但梁是很欣赏的，认为新得有味道。张能买他的画，他很高兴。画展结束后，周殿侯代表张大千来交钱取画，梁不好意思收钱，跟周殿侯说：“既是张先生看中了，我就送给张先生，不收钱。”周说：“张先生是不会取这个巧的，钱你应该收下。”从此，张大千在梁树年心目中的分量更重了。

前面提到的水榭经理李子绶,是个热心肠,有一天他问梁树年,愿不愿进一步结交张大千,跟他学画。梁自然愿意。可是想到自己的老师还在,不忍背师而去,另择高枝,便对李说:“我还有老师呢,这样做怕不合适。”李说:“那就先认识认识,以后再谈拜师吧。”张大千那时住琉璃厂附近,梁树年这次见他,二人才算正式结识。梁树年和李子绶把拜师的意思跟张大千说了,张当即表示同意,但由于前述原因,只好先搁置不提。这时梁不满三十,张未及不惑,但已留起了后来广为人知的美髯。

抗战期间,张大千豹隐四川。日本投降,伪满覆灭后,东北流落出一批宫廷藏画,张闻讯北上,意欲搜求,暂住北京西郊颐和园。

梁树年拜师之念一刻也没忘怀,这时老师已殁,张先生来京,他觉得时机已然成熟,又跟李子绶旧话重提。于是在颐和园的养云轩,梁树年与田世光一道向张大千磕头,行了拜师礼。张乘兴挥毫,画了张“喜鹊红叶图”送给梁,以示对这个门生的器重。据说,收徒后当场作画给学生,这在张还属首次。这张画以外,张大千还送过梁树年一张画,时间稍后一些。

张大千在家行八,他的四哥张文修住在北京,哥儿俩感情挺好。话说这次张文修要搬家,张大千带着学生帮助四哥归置东西,无意间发现一张画受潮了,打开一看,是自己画的一幅青绿山水。张记得这是他从四川寄给哥哥的,可能途中不慎弄湿了,纸卷儿压得又死,勉强揭开,上面的题跋都漫漶不清了。然而画得确实好,画幅大,色彩浓,在他的画中也属上品。正好梁在一旁也瞧见了这张画,张就说:"给你吧。"顺手把画给了梁。梁后来想请老师把题跋补上,可是张已经回忆不起原来是怎么写的了,只好任其残缺。这两张画,梁树年一直珍藏至今。

拜师后,师兄弟随侍张先生左右,也住在颐和园,请教画艺。张习惯于早起沿昆明湖遛弯儿,见湖上残荷衰败萧索,梁不由问张:"为什么画画儿有时要画残叶?残的叶子也不好看。"张说:"画画儿跟实际不能完全一样,总要让它有一点残缺。比方画叶子,不单要画丰满的叶子,也要画让虫子蛀了的,才能显出植物的生长过程。盛衰是事物的两面,盛时要想到衰,盛衰都要在画上表现出来。"张大千这番话,给梁树年印象极深。

张大千一九四八年流寓海外。改革开放后,梁给他写过信,但不知他收到没有。张的子女回国看望过梁树年,谈得十分欢洽。梁对张的看法是豪爽大方,绝顶聪明。对他晚年作画更多地使用泼彩,梁认为发生这种变化有两方面原因,一是绘画工具变成了洋纸、洋颜色；二是离开了故旧、故乡、故国，所接近的都是新眼光人物，这些不能不对他的画风产生大的影响。如果他一直在国内，他的画是不会这么变的。

一九九五年五月

袁鹰写歌词

袁鹰先生中学时代就开始投稿，到现在，写作生涯已长达五十余年。他写过各式各样的文学作品，写得最多、影响最大的是诗和散文。

袁先生写诗很早，因为自小受过严格的古典文学训练，新旧体诗全来得。诗与歌词的界限本来就不甚清楚，他的诗有时就被当作歌词，谱上曲到处传唱。有时他也与作曲家合作，创作一些歌词。从这个角度讲，袁先生也是一位歌词作家。

据他回忆，他最早写歌词是一九四四年。那是在沦陷的上海一所中学教书时，和同事、音乐教师张锐合作的一首《我歌唱在西风里》，抒发了青年人的苦闷和对光明的渴望。歌词最后一句“让西风吹得更猛烈些吧”，显然模仿了高尔基《海燕》中的名句“让暴风雨来得更猛烈些吧”。三十年后，这两位合作者在南京重逢（张锐后来成为南京军区前线歌舞团的作曲家和演奏家），谈起当年旧事，还记得很清楚。

解放战争时，他又写了一组《江南大合唱》歌词。这是受《黄

侃侃而谈的袁鹰先生

河大合唱》的影响，意在表现江南农村凋敝、百姓痛苦的生活和反抗。他跟大学同学杨今豪合作，由杨为这组歌词谱曲。杨学的是工科，对音乐兴趣浓厚，有时间就参加进步音乐运动，后来终于离开本业，成为作曲家和指挥家，担任了天津音乐学院教授和院长。《江南大合唱》组歌原计划分六段，其中的《水乡吟》，反映农村苛捐杂税太重，农民活不下去；《江南雪夜》，反映为了逃避抓丁，老母亲亲手刺瞎了儿子的双眼；还有一首《滚滚长江水》，抒发了人民对蒋管区统治的愤慨和对和平生活的渴望。最后一首《江南的风暴》，原计划写当时风起云涌的革命斗争，可惜袁先生没到过江南根据地，对那里的斗争生活没有感性认识，写出来不像，又不愿因此割舍这条光明的“尾巴”，致使《江南大合唱》成了一件未完成的作品。

无独有偶，一九六三到一九六四年间，他的另一部组歌也没有最后完成。这部组歌题为《战鼓》，也由六首歌组成，是以表现六十年代中国人民坚决反帝反殖、支援亚非拉人民民族解放斗争为主题的，合作者是作曲家瞿希贤。这部作品也是模仿《黄河大合唱》，基调很抒情，有合唱、对唱、男女声独唱，中间穿插朗诵。中央乐团已经开始排练这部作品，袁先生还到和平里排练场去看过排练。但因为配器还没弄完，作曲家就下去搞“四清”了，使排练一时搁浅；不久，“文革”发动，这部《战鼓》也就再无擂响的机会了。

不过，他有一部组歌不仅完成了，而且得到了上演，这就是由他作词、马可作曲的《在毛主席身边长大》。这是为中国少年先锋队建队十周年和新中国成立十周年创作的，表现少年儿童幸福的生活、远大的理想，六十年代初，由北京市少年宫合唱团演出。我见到过这个大合唱的歌词，一共四首歌，一、《队旗在长安街上飘荡》，二、《红领巾和小树苗》，三、《再过十年》，四、《星星围住月亮》。

比这部组歌稍早，袁鹰先生和瞿希贤还合作过一首儿童歌曲。那是在火热的大跃进年代，他正主持《人民日报》副刊。有一次，为了配合办好托儿所的宣传，副刊急需一首歌曲，由编辑朱树兰向瞿希贤约稿，问作曲家有没有现成的写托儿所的歌。瞿说没有，但如果有歌词，她马上可以谱曲。袁鹰当即动手写了八句歌词："大红花，真美丽，我爱我的好阿姨。……走上去，敬个礼，大红花儿献给你。"冠以《大红花》的标题，由朱树兰打电话念给了瞿希贤。瞿记录下来，说半个小时后再联系。半小时后，还是通过电话，瞿在那边唱谱，朱在这边记录，一首幼儿歌曲就这样诞生了。这首歌很多托儿所都唱，被收入《幼儿歌曲选》，"文革"后还听到有人在唱。

袁鹰写的歌词，影响大的还有几首。一首是《我是一个黑孩子》，选自袁的组诗《五封信》。这组诗写于一九六〇年五月，发表在《人民文学》六月号。作者设计了五个国家五个小朋友的来信，《黑孩子》是其中一封。今天上四十岁的人，对这首歌应该记忆犹新："我是一个黑孩子，我的祖国在黑非洲。黑非洲，黑非洲，黑夜沉沉不到头。西方来的老爷们，骑在我们的脖上头，这帮去了那帮来，强盗瓜分黑非洲……咽了几百年眼泪，戴了几百年枷锁。见不到太阳望不到天，奴隶的痛苦怎能受！"袁先生说这首歌有两个版本，另有一首改成了《我是一个黑姑娘》，流传似不及《我是一个黑孩子》这一首广。

第二首是《花儿朵朵向太阳》。这是由谢添、陈方千两位艺术家编导的儿童艺术片《花儿朵朵》的主题歌，放在影片的结尾，是一首大合唱。作曲唐诃、丁平。袁先生的歌词开头很有气势："你看那万里东风浩浩荡荡，你看那漫山遍野处处春光，青山点头河水笑，万紫千红百花齐放。"第二段很有校园特点："花儿开在课堂上，到知识宫里掘宝藏；花儿开在操场上，把身体锻炼得铁一样；花儿开在试验田，庄稼长得肥又壮；花儿开在果园里，一行行翠绿的树秧，跟我们一起成长。"这首歌有领唱，有齐唱，配器有军鼓有铜号有大镲，情绪高昂，蓬勃向上，让人听了热血激荡，我今天还经常哼唱。

第三首是《边疆处处赛江南》，是为八一电影制片厂摄制的彩色纪录片《军垦战歌》创作的一首歌，时在一九六三年前后。八一厂把这个任务交给袁鹰并不偶然，因为他一九六一年访问过新疆，对新疆生产建设兵团有所了解，曾发表《天山路》《城在白杨深处》《莫索湾夜话》《戈壁水长流》等散文名篇。袁先生以充沛的感情写出歌词，作曲家田歌为之谱了维吾尔族风格的曲调，随着女高音歌唱家雷良萍高亢柔美的独唱，这歌像长了翅膀，一夜之间飞遍了大江南北："人人哪都啊说江南好，我说边疆赛江南，哎来吔，赛呀赛江南。朝霞染湖水，雪山倒影映蓝天，啊呀嘞！黄昏烟波里，战士归来鱼满船，哎鱼呀鱼满船……”三十多年后的今天，这首优美的女声独唱仍传唱不衰，上点年纪的人唱卡拉 OK 的时候，也会时常选它。为这部电影，袁鹰与已故诗人郭小川还合写了另一首歌词《中华儿女志在四方》，流传也很广。

袁先生说：不要小看一首歌，好的歌曲有震撼人心灵的作用，能顶一大堆文章。他虽久已不写歌词了，但对古往今来的好歌仍然喜爱，不仅常听，自己也喜欢唱。我采访他时，他就给我唱了一句北方民歌，那是一首思乡曲，他只记得开头一句是“城头上跑马掉不回那个头”，他小声哼唱着，调子婉转而不纤弱……

一九九六年九月

爱乐女司徒志文

司徒这个古老的姓氏，与艺术确乎有缘。搞艺术的司徒家族，我知道的就有三个：一个是美术家司徒乔、司徒杰和指挥家司徒汉兄弟；一个是电影艺术家司徒慧敏和司徒兆敦、雕塑家司徒兆光父子；音乐家司徒海城、司徒兴城、司徒华城兄弟，皆是国内艺苑难得的人才。大提琴家司徒志文也是，她是属于搞音乐的司徒家族中的一员，是这个家庭里最小的女儿。

司徒志文和她的大提琴

她拉大提琴五十几年了。她的名字已经和大提琴紧紧连在了一起。她是中国音乐家协会大提琴学会的会长。

一个人的一生走什么道路，有时取决于自己，有时则要受生长环境的支配。当司徒志文还是幼儿的时候，就不断感受到家庭浓浓的音乐气氛，那也许是琴键上飞出的一串活泼的音符,也许是一道清亮的笛声,也许仅是几根琴弦的颤动。浸淫其中,她的心变得柔和轻盈起来,变得好幻想起来,音乐对她显示了强大的吸引力。但不知为什么,她起初特别想当的是医生,并不是音乐家。她这个想法,倒很符合父亲司徒梦岩的期望。这个了不起的人,是我国最早出洋的留学生之一,在美国学习船舶制造业,回国后成为了江南造船厂第一任华人总工。他业余对音乐和乐器着迷得要命,高胡的发明有他的功劳,小提琴更拉得好,留美时曾受宋子文之邀,当过宋美龄的小提琴老师。他鼓励自己的孩子学音乐,希望他们有这方面的造诣,但却并不想让他们吃音乐这碗饭,认为靠音乐很难养家糊口。因此,他送子女既上音乐学院,又上普通大学,为的就是让他们将来能够以其他手段谋生。志文要做医生,显然与他的主张并行不悖,所以他很欣赏小女儿的这个选择。但哥哥姐姐可不好对付,他们要按照他们的思路塑造她,第一步先教她弹钢琴,不久又借来一把八分之一的小提琴塞给她,最后根据她的手形和条件,为她选择了音色低沉浑厚的大提琴。她投到上海市政府交响乐团大提琴首席舍甫磋夫门下,跟这位流亡中国的白俄学习拉琴,十二岁又进了国立上海音乐专科学校深造。有趣的是,这段时期,他们兄妹五人——加上二哥海城、三哥兴城、四哥华城、姐姐幼文——都在这所国内最高音乐学府求学，这种巧事，就是打着灯笼也找不出第二个。

一九四七年对于司徒志文和司徒家族都是有纪念意义的。这年秋天，她和三个哥哥在上海兰心戏院首次同台演奏了莫扎特、贝多芬等人的作品。她至今保存着这场家庭演奏会的节目单，封面上四位乐手风采卓然。这年，海城二十六岁，兴城二十二岁，华城二十岁，“小司徒”不过十四岁，稚气未脱，却一脸庄重。因为家境不好，志文是家中唯一只获得音乐学历而没有其他学历的人。她不得不放弃了当医生的梦想，把音乐当作了毕生的职业。她后来能够熟练运用英语和俄语，能够出版《大提琴实用教程》《大提琴音阶与琶音》等专著，归功于她自己的好学不倦、求知若渴。“文革”中，她的藏书曾被抄走一部分，若干年后流入书肆，再未归还，但家里的藏书依然可观。她不是只知提琴、不懂其他的人，她有丰厚的文化积淀，这也是他们这一代音乐人的共同特点。

司徒志文十六岁那年，国民党溃败，解放军攻入了上海，上海市政府交响乐团更名为上海市人民政府交响乐团。她经过严格考试，成为乐团有史以来最年轻的演奏员。在以后一段漫长的岁月里，她和家人举办了第二次家庭演奏会（三哥兴城在台湾,未能参加),又随中国青年文工团赴东欧做了为期一年的访问演出,次第成为中央歌舞团和中央乐团大提琴首席,还在教学岗位上培养了许多桃李。她已成长为一名成熟的职业女性。

一九五九年,她奉派赴苏联莫斯科音乐学院深造,有幸成为列宁奖金获得者、著名大提琴艺术家罗斯特洛波维奇的弟子。此时,莫斯科恰值隆冬,冰天雪地,她的住所远离学校,每天上课都要夹着琴在风雪中奔走好长一段路。课上拉琴时间长,回来居室又冷,她的手、臂、腕连累带冻,很快就吃不消了,拉一会儿琴就疲惫无力、疼痛难忍。经苏联医生诊断,她得了神经炎,治疗了很久也不见效,只得被迫减少拉琴时间,增加听课听音乐会的时间。当她以优异成绩通过考试时,整条手臂都动弹不得了。到了事业巅峰期,她面临的却是演奏生涯即将终止的厄运,内心的焦虑可想而知。

且喜她有教学经验,学养又厚,在“山重水复疑无路”时,不愁“柳暗花明又一村”。她把更多的时间、精力用在了音乐教学和基础理论研究上,同时求医问药,坚持拉琴。这年,她到广州教学,幸遇良医,医生推翻了苏联医生的诊断,认为她的病只是肌肉劳损,经过对症治疗,手臂迅速好转,她又出现在舞台上。她不信神,但确信冥冥中有什么主宰着人的命运。使她作如是想的原因还有一个，就是她家四位提琴手，不约而同全是乐团首席：海城是上海交响乐团第二小提琴首席，兴城是台湾交响乐团小提琴首席，华城是中央乐团小提琴首席，她是中央乐团大提琴首席。这种巧合，又是打着灯笼也找不出第二个的。八十年代，司徒家族在香港团聚，四首席中，三哥兴城已不幸物故，“遍插茱萸少一人”了。

不堪回首的“文革”，志文损失多矣，最伤心的是一把跟了她二十多年的大提琴，被人掳了去。这是一把德国琴，是三哥兴城一九四五年以三百美元买下送她的，记录着她学琴拉琴的历史，也记录着兄妹俩比桃花潭水还要深的情谊，一朝失去，怎不令人伤心。但美是不该也不会失落的，新时期以来，乐坛复苏，百花齐放，这把琴又重新回到了她的怀抱，她感到了前所未有的快乐，生命之火也燃烧得越来越旺：她在卡拉扬指挥下，和柏林爱乐乐团演奏过“贝七”；赴美出席第一届世界大提琴大会，与契阔多年的恩师罗斯特洛波维奇重聚；参加来自各国的三百名大提琴家组成的乐队，共奏世界名曲；还在华盛顿美国国家图书馆大礼堂，举办了中国大提琴作品音乐会。尤其使她自豪的，是十年前她从乐团首席退下来后，所从事的音乐普及工作，这其中最重要的一步，是一九八九年与郑小瑛、周广仁、朱丽等好友，携手组建了爱乐女室内乐团,她出任乐团的理事长。

这是个由清一色女性演员组成的艺术团体,一出世就引起了国人关注,报端时有报道,电视时见踪影。她们不是把自己关进象牙之塔,高高在上,而是走向社会、厂矿、学校,边演奏边讲解,把遥不可及的西洋乐曲灌输给普通观众,真正做到寓雅于俗,寓教于乐。为了这个神圣的使命,郑小瑛卖掉了一把心爱的大提琴,司徒志文拿出了自己的积蓄。尽管如此,爱乐女乐团仍然在莫扎特的《安魂曲》中,于去年八月宣告解散。两个月后,它又以新的姿态复生,彻底砸碎了铁饭碗,纯由民办,独立自主。司徒志文仍然挑起重担,任乐团总监。她操心操得更厉害了,事无巨细,事必躬亲。就拿新近在朝阳区文化馆创办的“音乐角”来说,她不光负责制订每周六上午的活动计划,还要从和平街家中赶来参加活动。我对她的这次采访,她也是挤时间安排的,采访中间,还常被一个个电话打断。

“我在家就不得安生。”说这话时,司徒志文胖胖的和善的脸上浮起一抹微笑,无可奈何地摇了摇头。

一九九七年三月

石夫在新疆

题记：郭石夫(笔名：石夫)，著名作曲家，一九二九年九月二十三日生，湖南湘潭人。写有《娃哈哈》《牧马之歌》《解放军同志请你停一停》等四百余首歌曲，《阿依古丽》《阿美姑娘》等四部歌剧，《文成公主》《林黛玉》等十部舞剧，《帕米尔之歌》《第二、第三交响乐》等八部交响乐及其他作品。这里记录的，是他第一次到新疆的生活片断。

浩瀚无垠的塞外，石头挨着石头，黄沙连着黄沙。自从过了兰州，越往西走越荒凉，绿色渐少，黄色渐多，历史上有名的“金张掖，银武威”，也不过是几个古堡一片黄土而已。小嘎斯从月亮未落摇到月亮升起，骨头架子都摇散了，脸上身上全是土，眉眼口鼻乌突突，只有牙齿是白的。此情此景，使车上的小青年恐惧得差点没哭出来——五十年代去新疆就是这个样。

石夫就是这些小青年中的一个。他来自湘水之滨，整二十一岁，已从湖南华中艺术专科学校毕业，本可以留在家乡安静教书，却受新疆少数民族音乐的感召，一心想走进那辽远陌生的歌舞之乡，让西域音乐把自己泡个透。他辞去了教职，背上个布口袋，带了本一刻也离不开的《和声学》，告别长沙，加入了进疆的军旅之中。

时值一九五〇年八月，火车把他们送到了古城西安，休整一周后，换乘嘎斯敞篷车，三十来人挤在一起，晓行夜宿，或安营破庙，或借住祠堂，六盘山的飞雪把南来的小青年冻得直叫唤，好容易摇到了兰州城。在这里配备了棉袄、大衣、皮靴，领队说从现在起才是咱们要穿越的艰苦之地，当年唐僧取经路过的"火焰山""鄯善国"……都在前面，大家要做好把骨头架子摇散的思想准备。于是，选择最好的天气出了兰州，车子便如一叶扁舟在瀚海中颠来簸去，穿过了往古商旅不绝的河西走廊。在寒风流沙的嘉峪关下，那座写着"有志青年到边疆去"的竖碑，让这群青年眼前一亮，激励石夫把思乡的念头完全抛在了脑后。

前进再前进，总算到了星星峡，进入了新疆地界。车到哈密，终于看到穿着大红"袷袢"的多辫子姑娘在白杨树下弯腰舀水，看到坐在炉旁的小伙子从馕坑里钩出那香喷喷的烤馕，看到银色胡须的老人弹起都他尔，披着盖头的妇女微笑地唱着欢迎歌："来吧，年轻人，天山在欢迎远方来的朋友。"这一切都是那么新鲜，石夫激动得真想跳起来。休息了三天，身上有劲了，继续披星戴月，穿越鄯善、吐鲁番、达坂城，来到此行终点乌鲁木齐。

近一个月的跋涉，上万里行程，车轮滚过六个省，石夫喜出望外地和曾经的同校同学、现今的贤内助雨非，一起被分配到了新疆军区文化部文艺科，正式从事音乐工作。他夙愿得偿，从此展开了音乐的翅膀，翱翔在新疆音乐的广袤沃野上。

初到军区时，军区还没盖营房，要住在曾是国民党省党部的一所破庙里。在一个过道，石夫把房角收拾了一番，就在这里安营扎寨。新疆十月已进入冬季，过道里四处透风，煤火烧得通红也不保暖，晚上睡觉还得戴着皮帽子。就是这样，临睡前他也要拿出那本心爱的《和声学》，就着盏半明不灭的灯看上一阵。

文艺科工作不多，有空可以找附近老乡，听他们唱歌，记下曲谱。石夫在采集民歌时，还喜欢了解少数民族的历史和人情风貌，这对他后来深入研究西部音乐大有裨益。在民间音乐的熏陶下，他有了创作欲望，可在这偏远之地，没有工具书，没有乐谱，没有钢琴，连关内来信都得隔一个月才收得到，要创作谈何容易。石夫听说国民党溃退时，在银行里留下了一架钢琴，他就和几个小伙子去抬，原来是个苏式钢琴，琴键有的响有的不响。可是即便这样的破琴，在乌鲁木齐也仅此一架。抬回来好歹拾掇得能弹了，总比没有强。用这架琴，他真写了不少东西。这架钢琴现存新疆生产建设兵团文工团，已成为朋友们回忆石夫当年创作生活的历史文物了。

一九五一年四月，春回大地，石夫出发远征，去北疆采集民歌。第一站到了伊犁。像一块干海绵投入水中，他如饥似渴地听歌记谱。他坦诚、虚心、爱交朋友，新疆人又待人热情，双方虽然语言不通，但通过部队配备的翻译，沟通并不困难。他觉得搜集的歌没有一首不好听，调调、结构跟汉族民歌完全是两回事，妙不可言。那时还不兴录音机，他用的是口传心授的办法，人家唱，他记录，记录完唱给对方听，哪儿记得不准确再改正。这样，从一九五一年到一九五七年，六七年间，他的足迹遍及天山南北，搜集民歌、乐谱多达几千首。后来有人再去新疆采风，当地人就会说：你到乌鲁木齐找石夫吧，他那里的歌有的是。

采风的甘苦，不是过来人不知道。它不是想象的那样，随便找个人唱几句一记录就完事，而是要深入下去，与歌手同吃同住，一块牧马放羊，培养感情。晚上在月光下大树旁，奶茶一烧，主人兴致来了，才会打开心扉，敞开歌喉。石夫就这样，跟许多歌者成了朋友。有过这样一个笑话，为了培养与歌者的感情，石夫经常买酒给他们喝。有个歌者已经把肚子里的歌唱光了，可为了能喝到石夫的酒，就拿一些瞎编的歌哄他，结果被石夫识破，彼此拍着肩膀哈哈一笑，并不介意。

采风最艰苦的，莫过于住。草原上的牧民一家一顶帐篷，外人住进去很不方便，夜里只有住在帐篷外面。石夫和翻译以马鞍当枕，以皮大衣作铺盖，以羊群为屏障，仰看星天，席地而眠。忠实的牧羊犬围着羊转，警惕地守护着羊群，也守护着他们。顶讨厌的是狼，这些不速之客会时时光顾，在羊肚子下面钻来钻去，躲避牧羊犬的攻击，把夜晚搅扰得极度不安。

采集民歌使石夫的胸怀开阔起来，他对新疆音乐的理解也日益成熟，可以准确地分辨各族民歌。比方，维吾尔族居住在水草丰美的地方，歌曲的田园风味就浓；柯尔克孜族住在帕米尔高寒地区，歌曲的长气息就短，好像刚唱出来就被冷空气冻住了。这有助于他根据不同的民族风格进行创作。

他是位很在乎风格的作曲家，不喜欢把创作搞成四不像。他的作品都是既有某一民族的鲜明特色，又融合了汉民族的审美趣味，两者达到了高度统一。这种不失原味的创作，果然很快收到了奇效。且以《娃哈哈》和《牧马之歌》为例。

《娃哈哈》是一首幼儿歌曲，灵感来自几个孩子在冬天用羊粪蛋互相嬉戏打闹。这情景唤醒了石夫为孩子写歌的潜意识，一首维吾尔族弹拨乐乐曲很自然地在心房奏响，歌词也很快成型了:“我们的祖国是花园,花园里花朵真鲜艳,和暖的阳光照耀着我们,每个人脸上都笑开颜。娃哈哈!娃哈哈!每个人脸上都笑开颜。大姐姐你呀快快来,小弟弟你也莫躲开,手拉着手儿唱起那歌儿,我们的生活多愉快。娃哈哈!娃哈哈!我们的生活多愉快。”这首歌最妙的就是“娃哈哈”,如果不用“娃哈哈”,用“哩哩哩”“啦啦啦”也未尝不可,但总不及“娃哈哈”新颖脱俗。此歌一经发表,不胫而走,全国上下,妇孺皆会,流传极广。

《牧马之歌》的创作也是得之于偶然。那是在伊犁的尼勒克草原,石夫一早躺在沙滩上晒太阳,看见一个哈萨克小伙子戴着白帽子,背个冬不拉,走出毡房,赶着马群下河滩,开始了一天的放牧。这情景激发了他的灵感,曲子和歌词在脑子里反复映现、改动,一首明朗欢快的歌子诞生了:“太阳刚从天山爬上来,牧马少年走出帐房外,跨上我的枣红马,带上冬不拉哎,赶上我的大群马,来到天山下。哎嘿!啦啦哩啦啦,啦啦哩啦啦,啦啦哩啦啦……西边树丛露出弯月牙,马群踏破了野花跑回家,大家围坐月光下,泡上可口的奶茶,谈起我们的新生活,人人都笑哈哈。哎嘿!啦啦哩啦啦,啦啦哩啦啦,啦啦哩啦啦啦……”这首意境优美、曲调欢快的歌,同样博得了亿万群众的喜爱。

石夫相当多产,他的创作不限于歌曲,还涉及歌剧、舞剧、交响乐,其中很大一部分是新疆题材。他还准备出版十集《新疆民歌新唱》。

一九五七年,石夫进入中央音乐学院作曲系深造。那以后他又无数次地回到新疆。近五十年的创作生涯,他和新疆的缘分再也解不开了。

一九九八年十一月

他为《林海雪原》画插图

一个寒冬的早上,我依约去红庙北里拜访孙滋溪先生。

孙滋溪先生是中央美术学院教授,著名油画家,也是长篇小说《林海雪原》的插图作者。因为有感于现在文学插图处于低谷,文学插图创作队伍面临断层,我们很自然地把话题引向了插图。我请他谈谈他是怎样为《林海雪原》画插图的。他从里屋抱出一摞画稿放在小凳子上,坐在我身边,兴致极高地讲了起来。

那是一九五八年,孙先生还是个三十岁不到的小青年,在中央美院附中任教。他从小嗜读小说,这天捧起刚出版不久的长篇小说《林海雪原》,马上就被这本书吸引住了,达到了废寝忘食的地步。小说中惊险曲折的故事情节、性格鲜明的人物形象、瑰丽的风光、生动的语言,无不使他倾倒。他完全被俘虏了,一口气读完了这本四十万字的小说,心情激动不已,脑海立时闪过一个念头:一定要亲自动手,为这本小说画一套插图,向读者,也向新中国建国十周年献礼。

如此年轻的他,动这个念头并不狂妄。他曾经在部队出版社工作过，为战士读物画过许多插图，有较丰富的插图创作经验，后来又有机会到中央美术学院进修，绘画技法有很大提高，正想找机会施展一下。眼前碰到了这个使他激动不已的题材，岂肯放过。何况他也是军旅出身，十六岁就穿上了军装，成了一名小八路，解放战争时期在东北野战军工作过，对小说描写的环境也不陌生，完成这个心愿，他自认是有把握的。

想法一经萌生，便像火一样烧灼着他，他即刻投入了艰苦的也是甘美的创作活动中。

他走访了小说的责任编辑龙世煇，以求更好地理解作品；他寻访到了作者曲波的下落，数次登门求教。他完全进入了角色，连吃饭、走路、休息，甚至做梦都是它。

第一次访问曲波时，这位三十五六岁的作家正埋头写作他的另一部长篇小说《山呼海啸》。他毫无名作家的架子，放下笔热情接待了孙滋溪。交谈中，俩人惊讶地发现他们原是山东黄县（今龙口市）同乡，住的村子相距不过十几里，曲波和孙滋溪的哥哥是胶东公学的同学，而曲波的爱人刘波，和孙滋溪的姐姐又在根据地医院里一起当过护士，这使俩人的关系一下子亲近起来。曲波回答了孙滋溪的所有提问，有时为了表述得更清楚，还画图加以说明，如冬天东北人脚上穿的乌拉什么样，小分队队员栾超家跨谷飞涧时，用绳子打在腰间胯下的“坐盘结”什么样，曲波都用笔画了下来(有心的孙先生至今还保存了几张)。碰到用笔也说不清时，曲波就做动作说明。小说里有个情节，讲猎人姜青山从马希山匪帮的魔窟里滑雪逃出来，半路遇上小分队，立时停了下来，小说是这样写的：“这个飞滑来的人，灵巧得像一只燕子……当他滑到狗的跟前，只把身体微微一侧，顿时站住，两只机灵有神的眼睛，射视前方。”这个“身体微微一侧”是什么姿势，曲波就做给孙滋溪看。后来孙滋溪为姜青山造像，画的就是这个身体微侧急停的动作。责编的陈述，特别是曲波的帮助，对孙先生完成好这套插图作用极大，他与曲波从此建立了深厚的友谊，一直保持至今。

插图是什么？是从属于文学，为文学服务的，只能在忠实于原著的基础上，尽量发挥绘画艺术的特长，使两者相得益彰。熟读了作品，有了创作激情，孙先生开始了艰苦的构思。他根据自己对小说的理解，确定插图的主题是表现解放军的子弟兵本色和革命英雄主义精神。这实际上也就是这部小说的主题。围绕这个主题，作家讲述了一系列精彩的故事：奇袭奶头山、血战二道河、舌战小炉匠、智取威虎山、智擒妖道、火烧大锅盔等，塑造了一系列正面人物：少剑波、杨子荣、高波、刘勋苍、孙达得、栾超家、白茹、陈振仪、李勇奇，也塑造了不少反面人物：许大马棒、蝴蝶迷、定河道人、座山雕、马希山、侯殿坤、栾平、一撮毛等。小说的写法有点像《水浒》，一个事件接着一个事件，每个事件突出一两个人物，每个人物都各具特色，最后构成了一组人物群像。

孙滋溪注意到这些方面，他不打算把人物从事件中抽出来作单纯的“绣像”，而要把他们放在特定事件中去表现，把画人和画情节结合起来，以表现典型环境中的典型人物。根据这一原则，他开始构图。那些日子，他除了授课以外，把全副精力都投到了这上面。他身在北京，心神却在东北的滔滔林海、茫茫雪原漫游，时而化身为小分队队员，驾着滑雪杖飞跃崇山峻岭，捣匪巢歼顽敌；时而来到饱受土匪欺凌的群众中间访贫问苦；时而又面对无恶不作的匪徒，目睹他们的种种丑态和杀人暴行。他完全沉浸在角色和事件中，如痴如醉，常常顺手拉过一张纸就画上几笔，有时用钢笔，有时用铅笔，有时用毛笔，蘸的也许是墨汁，也许是红蓝墨水。这些五花八门的草图他画了无数，后来大部分扔掉了，从保存下来的一些看，就有下面这些内容：小白鸽白茹、蘑菇老人神话奶头山、鞠县长(少剑波的姐姐)被抓、少剑波驰马赶赴杉岚站、少剑波在杉岚站、少剑波接受任务、少剑波夜审小炉匠、杨子荣骑马去威虎山、杨子荣面见座山雕、妖道宋宝森、李勇奇接受任务等，有的一画再画，可以看出构思变动的轨迹。

画人物需要模特。这些模特有的储藏在画家的记忆里，与要画的人物相吻合，只消默写下来即可；有的就要根据画家自己的想象，到生活中去寻找。孙先生寻找模特，遇到不少趣事。有一天，他在街上偶遇一位人民警察，其相貌、体态、举止、神情都很像他想象中的少剑波，他就对他进行了长时间跟踪和前后左右的观察。这引起了这位民警的警觉，他突然站住，用怀疑的眼光打量着他，他越发觉得这是他想象中的少剑波了，便果断地迎上去说明了意图，得到同意后带上画具，到派出所为他画了一幅写生头像。后来少剑波的形象，便是根据这幅写生创造出来的。

画定河道人更有意思。他到当时尚存的劳动市场，物色了一个相貌颇合心意的人，花钱请他到家来作模特。他给他化了装，惊诧地发现他与心目中的妖道实在太像了。他兴奋地画着，把什么都忘了，直到那人走后，才发觉手表不见了。这虽是件令人懊丧的事，但以这个小偷为模特创造的宋宝森形象，却使他格外满意。此外，他笔下的杨子荣借鉴了北京人艺话剧《智取威虎山》中童超扮演的杨子荣的舞台形象（他画了大量舞台速写），高波是以曲波提供的一张高波仅有的遗照（很模糊）为蓝本创作的。他还从当地风俗中吸取营养。妖道宋宝森玩弄女性、无恶不作，他就在他的帽子上加了一块绿色方形玉饰，据他的岳母说，东北道士的帽子上凡镶这种玉饰的就是"花道"，这个点缀揭示了这个牛鼻子老道的好色本性。

孙先生当时对这本小说的装帧有个全面计划，不光画了插图，还设计了封面、扉页，为每一章画了题图（长篇小说每一章有题图是很少见的）。这些题图，对小说也起了画龙点睛的作用。

经过整整一年的劳作，孙滋溪完成了全部工作。其中插图十五幅，画面有年轻的团参谋长少剑波带领战士，在被土匪血洗后的杉岚站发誓讨还血债；有力大无穷的"坦克"刘勋苍猛擒刁猴头；有卫生员白茹救治蘑菇老人；有蘑菇老人神话奶头山；有许大马棒和蝴蝶迷；有灵巧的栾超家飞跃山涧；有侦察英雄杨子荣舌战小炉匠；有勇士高波持枪奋身跃入敌群；有姜青山滑雪急停等。每幅画表现的都是这个人物最具代表性的瞬间形态，都是在反复推敲、数易其稿的情况下完成的。许多年后，有人撰文这样评价这套插图："直接借鉴西方的绘画形式进行插图创作的，孙滋溪的《林海雪原》开创了先例。他调动了油画的艺术语言，讲究构图的严密，讲究形象的深入刻画，讲究色调的深沉，讲究环境与人物的密切结合，成功地再现了原著的主题。画家塑造的杨子荣、少剑波等一系列英雄形象和反面人物至今仍然清晰地留在人们的记忆里。”(贾德江《二十世纪的中国插图艺术》)这套插图已被选入《中国现代美术全集·插图卷》。

除了《林海雪原》插图,孙滋溪还为曲波的《桥隆飙》《山呼海啸》画过插图,为《长长的流水》《小武工队员》《求索》《大风口》《冷艳孤芳》等许多小说画过插图,在社会上产生了广泛影响,有些作品还获了奖。他现在担任中国美术家协会插图装帧艺委会副主任,对画插图有一套系统的总结和理论。他认为,文学插图绝不是可有可无的东西,而是文学读物的一个有机组成部分,鲁迅就很重视插图艺术,施马里诺夫的《战争与和平》插图和小说同样不朽,所以轻视插图是错误的。他真心希望这门艺术不要断代,及早走出低谷;真心期待精美的好插图源源不断地问世。

二〇〇〇年一月八日

无法弥补的遗憾

偶然翻开报纸，一行粗大的黑体字《剪纸悲声送沛农》扑进眼帘，我一下子愣住了，赶紧往下看，才知道申沛农先生已于五月八日凌晨在睡眠中辞世，五月十三日在八宝山举行了遗体告别仪式，随之火化。享年六十五岁。

我久久注视着这条消息，感到悲哀，更感到深深的遗憾。

我和申沛农先生至今不曾谋面，却有过一段短暂的交往。事情要从两年前说起。

一九九九年，我所在的单位要给北京市民间剪纸艺人武士春编一本剪纸集，把任务交给了我。武士春是朝阳区金盏乡长店村人，一个瘦小而娴静的妇女，她年轻时就迷上了剪纸艺术，剪得一手好剪纸。在没有师承的情况下，全凭心灵手巧，看见什么剪什么，持之以恒，终于成了北京城一个小有名气的剪纸艺人。许多报纸已经开始向她约稿，她的事业正在走向坦途，就在这时，忽然传来她投缳自尽的消息。认识她的人，无不感到惋惜。为了记住这位只活了四十五岁的民间艺人，文化馆根据收集到的现有资料，决定编一本她的剪纸集内部发送。

我把武士春的剪纸按类稍加编次后，交给馆长徐伟。徐伟认为还缺一篇有分量的序言。我于是想起了申沛农先生。申先生是享有盛誉的剪纸艺术家，是中国剪纸学会的副会长，武士春跟他有过几面之缘，受过他的奖掖，托申先生作序，是再合适不过了。我通过市残联的一个熟人，找到了申先生北京的电话，一联系，原来他一直住在天津，又往天津打电话，终于找到了他。申先生从小患有严重的风湿性关节炎，浑身僵直，行动不便，我拨通电话，等了半天，他才接过电话。我先说了几句仰慕的话，然后提出请他写序的要求。我想没准他会拒绝，因为他与我素昧平生，这件事又来得这么唐突，他完全有理由不接受。但他没

申沛农先生在刻剪纸

有迟疑，一口应承下来。他仍然记得武士春，对她的死深感惋惜。他把天津的地址告诉了我，要我寄几件武士春的作品给他，他好再加深一下感性认识。从电话里听得出他很谦虚，说话和气，是个诚恳的人。

我寄出武士春的作品没两天，申先生即回了信。信写在一张薄薄的白纸上，字体流利，正好占了一面：

谭宗远同志：

寄来有关武士春的材料已收到，谢谢。

在众多剪纸朋友当中，我对武士春的印象较深。记忆中她是我的启蒙老师庄平女士介绍来的，大约在八二—八三年。每次来我家都是他们夫妇一起来。她丈夫是钳工，武士春用的刀具就是她爱人磨制的。

数年间有三四次交往。因武士春学剪纸很用功，人又实在质朴，给我留下良好的记忆。

后来收到他爱人一封像是“讣告”的短信，没说明任何情况，只说她去世了。

我感到突然，更为之惋惜。

听说贵文化馆要出版武士春剪纸集，这充分说明对武士春从事民间剪纸活动的重视，把它列为文化教育宣传事业，很有意义，为此向你们表示敬意。

由于现有的材料有限，只能从记忆中回顾一些对武士春的认识，片面不周在所难免。

序言拟在本周内完稿，寄去或来取盼告。祝

安好！

申沛农　一九九九年八月十七日

我马上回了电话，希望他先把稿子寄来，等天凉快了，我再去天津看他。他是我从小就知道的名人，我实在也很想跟他见上一面。一周后，收到了他的序和一封短信：

谭宗远同志：

序言寄上查收。

武士春暂短的一生，没有画上圆满的句号。据说她是因家庭琐事而轻生的，这在一定程度上表现了她的脆弱和心理缺欠。

所以在序言结尾处不太好写，如有不当之处，请予修正。匆此祝好！

申沛农　一九九九年八月二十二日

他的序写了三页半稿纸，一千三四百字，客观评价了武士春的剪纸艺术，充满了惜才之情。我们没有改动，就放在了武士春剪纸集的卷首。不久，我给申先生汇去了一笔三百元的稿费。但是这本书的出版经历了相当长的时间，直到转过年的十月才见到样书。中间我与申先生互寄过一次贺卡，通过两次电话，但一直也没有去看他。

书印出来后，可以马上给申先生送去了。恰在这时，我的装有通讯录的包在上班路上遗失了，我和许多人（包括申先生）都失掉了联系，此事便只好延宕下来。到了今年三月，我觉得不能再拖了，又辗转找到了残联的那个熟人，向他要申先生的电话，但他也要向别人再打听，我催了好几次，始终也没得到。我想，无论如何今年上半年一定要把书给申先生送去。就在这时，家母突然病故，此事又搁了下来。最近好容易踏实了，我又想起了这件事，还没容我进一步打听，就得到了这一噩耗。

我觉得很对不起申先生，他对我们请托之事，是那么负责，那么热心,一天也没耽搁,而我对他的回报,却是这么懒散,漫不经心。如果我凡事抓紧,也不会是这个结果。申先生活着时,不定怎么说我呢。

只留下一个遗憾,一个无法弥补的遗憾……

二〇〇一年五月二十日

鲁谷村访彦涵

十堰《书友》报的李传新富于藏书，喜收名家签名本，寄来《彦涵木刻选集》和彦涵插图的小说《新儿女英雄传》，嘱我找彦老签名。受人之托，忠人之事，何况我也想见见这位著名的版画家，便给老先生写去一信。不久，彦老打来电话，说自己年纪大了，身体不太好，但签名是可以的。于是，便有了这次拜访。

鲁谷村在京西八宝山左近，昔日荒村如今已盖起高楼，旧貌换新颜。我和小崔按彦老电话里的指点摸进村，一边踅摸楼号，一边商议别待得太久，签完名就出来。这时，迎面过来一位老太太，个子不高，圆圆脸，剪短发，问我们找谁，我说："找彦涵。"她说了句："我带你们去。"转身就在头前引路。这情景很像抗战时八路军遇见了堡垒户。我连忙问老太太："您是彦先生的老伴吧？"她点点头说："怕你们找不到，来接接你们。""您这么大年纪，还……"看着老人斑白的头发，我和小崔都不知说什么好。未进彦老家，已经感到了两位老人心肠的火热。

"老彦，客人来了！"进得门来，老太太一声喊，我换好拖鞋走

彦涵先生(左)向作者回顾往事

到彦先生面前。老人大高个儿,国字脸,浓眉毛,脑后的头发披散着,眼睛挺有神。他招呼我们坐下,寒暄了几句。我问起他的身体,他说:“不好,心肌梗塞!”接着就问我书带来了吗。

我把书摊在面前的茶几上,一共四本,传新的两本外,我还带来了曹靖华的散文集《花》、闻捷的长诗《复仇的火焰》第二部,都是彦老作的插图。这些书勾起了老人的回忆。他先拿起《复仇的火焰》说:“闻捷死得很惨,‘文革’中自杀了。我和他在延安就认识,他找我给他这本书画的插图。”又拿过《新儿女英雄传》:“孔厥也是自杀的。这本书写白洋淀斗争生活,孔厥知道我到过白洋淀,要我给这本书画图。”又指着《彦涵木刻选集》说:“这本书是解放后的第一本禁书。因为书里有彭德怀的形象，我又被打成了右派，就被禁了。”最后拿起《花》说：“就是曹靖华还不错，没有挨整。他来找我画插图，我说你不怕我这个右派？他说我喜欢你的画，右派不右派的我不管。”他越说越激动，手指在茶几上画了个圈儿，两眼直视着我，总结似地说：“你看这四本书的命运！‘文革’呀，就是个祸害！”语气间有无限感慨与愤懑。

毫无疑问，这是位饱受过极“左”路线打击的老人，那段不堪回首的岁月虽然已经成为过去，但心灵的创痛很难平复，一提起来就难免情绪激动。我对此很理解。

他又埋头看《花》中的彩色插图，批评道：“色彩全不对。”看《复仇的火焰》插图，说也有这个毛病。当年的印刷，受技术、设备的限制，很难把原画色彩忠实地复制出来，使原作精神损失了不少，但在我看来，色彩已相当漂亮准确了。

我问他：“您到过白洋淀，认识孙犁吗？”他说：“太熟了！就是孙犁叫我去的。他对我夸白洋淀怎么怎么好，说到那里准能画出好画来，我的心就活了。从延安出来，在那里住了半年。”

他开始俯下身子签名，每本书都写上“××存书　彦涵补签”。用的是钢笔，每个字都很着力。本想让他再钤上印章，但觉得已经够麻烦他了，话到嘴边又咽了回去。

彦老住房宽绰，客厅墙上挂着他画的画，还有不少奖状证书，都是国家级的荣誉。他是艺术大师，一九一六年生在江苏连云港，先习中国画与西画，后到延安始搞版画，均达到极高水准。参加过抗日战争和解放战争，一生坎坷，具传奇色彩。他反对保守，一辈子都在探索、创新，被称为“闯将”；衰年变法，其画风一反过去的写实风格，更发生了巨大变化。

他从身边找出一张报纸，一幅熟悉的图画扑入眼帘，这不是人民英雄纪念碑上的浮雕《胜利渡长江》的画稿吗？几十名持枪的解放军战士渡过长江，从帆船上冲下来，冒着敌人的炮火，踏上江南的土地，踏上解放全中国的最后征程。这个动人心魄的画面，给我的印象太深了。怎么？难道这也是彦老画的吗？一问，正是他的手笔。

他说：“你看见的纪念碑上的浮雕不是我们刻的，是工人们一锤一锤凿出来的，但画稿是我们画家设计的。雕刻家把画稿翻成石膏，工人们再根据石膏把浮雕凿出来。”他告诉我们，新中国成立之初，为了纪念碑上的八块浮雕，曾成立了一个专门的美术创作组，由画家、雕刻家和石工组成，郑振铎任组长，他和刘开渠任常务副组长，吴作人任名义副组长。他的笔记本上当时记录了参加这项工作的全体人员的名单，“文革”中造反派来抄家，他把名单撕下来藏好，现在已成了一份极珍贵的资料了。“如果我没有把名单保护好，多少人的劳动就会被彻底埋没，特别是那些工人，谁也不会知道他们。那就是犯罪。”现在，彦老已向媒体披露了这个名单，引起了各方面的广泛关注。彦老的老伴（后来知道她叫白炎，也是位老延安）出了一本《我和彦涵》的散文集，也提到这个名单。我把这八块浮雕的画家和雕刻家抄在下面：

第一块《虎门销烟》：画稿艾中信，雕刻曾竹韶

第二块《太平天国》：画稿李宗津，雕刻王丙召

第三块《武昌起义》：画稿董希文，雕刻傅天仇

第四块《五四运动》：画稿冯法祀，雕刻滑田友

第五块《五卅运动》：画稿吴作人，雕刻王临乙

第六块《八一南昌起义》：画稿王式廓，雕刻肖传玖

第七块《抗日战争》：画稿辛芒，雕刻张松鹤

第八块《胜利渡长江》：画稿彦涵，雕刻刘开渠

石工大多是从河北曲阳招来的。

谈到纪念碑的画稿，彦老有些兴奋，见我对此有兴趣，爽性从屋里抱出一摞画册让我们看。这都是他出版的画集，一律大开本，彩色精印。我来不及一一细看，只翻看了若干幅作品。其中《百万雄师过大江》和《八路军东渡黄河》，原作都是几米长的大画。但是彦老告诉我，藏于军事博物馆的《八路军东渡黄河》，原画已毁于“文革”。说这话时，他的语调又充满了悲愤。自己辛辛苦苦的劳动成果被人为毁坏，再也不可复得，恐怕谁说起来也不会平淡如常的。

他年底马上要出版第六本画集——插图选。对于爱书和喜欢插图的人来说，这本画集可能比一般画册更有价值。我说：“我到时候跟您联系，买一本。”他笑道：“我送你。”停了会儿又补充道：“我的书书店买不到，我全是送——送朋友。”

白炎老师的《我和彦涵》，保存了许多珍贵的回忆，有在延安的，有在太行山抗日根据地的，有的回忆充满温暖，有的则充满苦涩。老太太性格沉静，不多说话，一直在旁边静听，直到签名送我这本《我和彦涵》时，才说了几句话。她和性格外向、棱角分明的老伴，互相搀扶着走过了几十年风雨路程，对彦涵她是理解的，不仅理解他想些什么，也理解他的艺术和追求。她有多篇文章谈到彦涵的创作，这是研究彦涵的第一手资料，非常珍贵。可以说,在彦涵取得的成就背后,也有她的一份功劳。

不知不觉间,一个小时过去了,彦老虽无倦意,我们也不能不起身告辞了。出门看表,已是中午十一点多了。

二〇〇四年十二月十二日

书生壮士之间

“世界是你们的,也是我们的,但是归根结底是你们的。你们青年人朝气蓬勃,正在兴旺时期,好像早晨八九点钟的太阳。希望寄托在你们身上。”

一九五七年十一月十七日,毛泽东主席访问莫斯科,在列宁山莫斯科大学接见中国留学生,发表了一席讲话。上面这段话,便是其中最著名的一段,至今为许多人所熟记。现场聆听毛泽东讲话的留学生有上千人,童道明先生也在其中。

童道明,一九三七年出生于江苏的张家港。中国社会科学院外国文学研究所研究员,博士生导师。中国作家协会会员,中国戏剧家协会会员,中国电视艺术家协会会员,中国电影评论学会理事。著有《他山集》《戏剧笔记》《惜别樱桃园》《俄罗斯回声》等书,并有译著多部。

谁都有自己的简历,谁的简历背后都有鲜为人知的故事。童道明的简历背后有什么故事呢?他是怎样和文学和戏剧结缘的呢?

“别以为我留过学，其实我为人所知的事全是自己看书或从演员和导演那儿学来的，我也算是自学成才。”童道明这样说。

此话怎讲？

童先生高中毕业时，本想上大学读文科，临毕业却意外地被选拔为留苏预备生，将报考志愿改为了理工科（教育部规定留苏预备生只能报考理工科）。可是，在北京俄语学院留苏预备部学了一年即将结业的时候，学校人事处又问他愿不愿去苏联学文学，这正是他求之不得的，如此就进了莫斯科大学文学系。读到四年级，不幸降临到他的头上，他得了强直性脊柱炎，无法继续完成学业，只好回国治疗。他的大学生活也就此结束，以后填表只能写“大学肄业”。这段时间是他精神最苦闷的时期，真是四顾茫茫，不知何去何从。也是天意，一九六二年，大导演黄佐临发表了一篇谈三个戏剧观（即斯坦尼斯拉夫斯基戏剧观、布莱希特戏剧观和梅兰芳戏剧观）的文章，当时国人对斯坦尼斯拉夫斯基、梅兰芳是熟知的，但对布莱希特戏剧理论还相当陌生，报纸希望有人能介绍一下，不知怎么，便找到了在家养病的童道明。童恰巧注意过布莱希特，便写了一篇《关于布莱希特的几点认识》，发表在上海《文汇报》上。这篇文章给他带来了好运，半年后，他被调入中科院哲学社会科学部外国文学研究所（即现在的中国社会科学院外国文学研究所）。

调来后还没干什么，“文革”爆发了。下放干校时，他什么书都没带，仅带了一本俄文书，是苏联剧作家亚历山大·沃洛金的四幕话剧《工厂姑娘》。他很喜欢这个剧本，某一天，脑子里忽然一亮，自己何不把它翻译出来呢？恰好他有机会请假到信阳看病，就带着这本书，偷偷开始了砚田笔耕。他后来回忆道：“那时吃的什么，我全忘记了。……译文都是写在病历本上的。倒是记得喝过一杯饮料。在一个搞得比较干净的冷饮店里。……翻译接近尾声了。我拿出笔记本和书，开始了第四幕的翻译。店里可能只有我和另一个人。后来好像那人也走了，就我一个人。我从来没有过这么高的效率，没有用字典，耳朵也听不见任何声音，译得很快。”（《心不死》）就这样，在四下烈烈轰轰的大批判声中，他完成了这件不合时宜的译事。

一九七一年，身体不允许他再在干校从事劳动了，他提前回到了北京。在那段极为清闲的日子里，他成了北京图书馆的常客。北京图书馆在北海旁边的文津街上，他住在朝阳门内，两地相距不过五六站地，每天上午，他都准时坐车去北图看书。看的都是俄文戏剧书，看完一本换一本，当天看不完的，就夹张纸条存在出纳台上，第二天接着看。这样的半日阅读坚持了五年，直到一九七六年粉碎“四人帮”，北图的馆藏俄文戏剧书，他几乎都看遍了，还认真作了笔记。这次系统的自学，与他后来所从事的工作有着最直接的关系，他就像一朵花蕾，吸收了足够的空气、水分和阳光，到了该吐露芬芳的时候了。

二十世纪七十年代末到整个八十年代，是童道明论文写作的丰收期。一九七九年，他写了一篇《斯坦尼斯拉夫斯基体系是非谈》，引起了戏剧界的关注。时任中国剧协副主席的于是之，有一天去《人民戏剧》（后改名《中国戏剧》）编辑部，说有个叫童道明的，你们可以找他写文章。一九八一年，他又写了一篇《梅耶荷德的贡献》，美学家王朝闻看了一半就坐不住了，自称“手痒”，立刻写了一篇读后感。这时的童道明，好像有一肚子话要往外倒，每篇文章都是纵横恣肆，洋洋万言，显露了逼人的才学。就在这年，中国戏剧出版社约他出书，他编选了自己的第一本论文集《他山集》。为集子作序的就是王朝闻。几年后，他和于是之也成了至交，每年正月初三都要去看望老于，至今未断。于是之给他写的那个大大的“牛”字，今天仍然挂在他家墙上最显眼的位置。

童道明爱说于是之对他的帮助、林兆华对他的帮助，其他许多人对他的帮助，却不爱谈他对戏剧导演和演员的帮助。他这些理论文章无疑就是一种帮助。他的许多未形成文字的座谈发言，也是一种帮助，更别说他还支持过具体的剧目，如《WM》，如《绝对信号》《狗儿爷涅槃》……他是研究俄罗斯戏剧和契诃夫的专家，众所周知，契诃夫对我国文学和戏剧的影响非常深远。他不仅翻译契诃夫的剧本，也写了大量解读契诃夫的文章。他有一本书，名字就叫《惜别樱桃园》(《樱桃园》是契诃夫所作名剧之一)。一九五四年，契诃夫逝世五十周年纪念，翻译家汝龙到北京图书馆讲了契诃夫的小说；二〇〇四年，契诃夫逝世一百周年纪念，到那个讲坛去讲契诃夫戏剧的是童道明和话剧导演王晓鹰。他为近年契诃夫的戏剧在国内热起来添了一把火。

童道明对我国电影、电视剧也很关注，写过一篇很让黄佐临激赏的文章《论电影的假定性》，得到了电影界的重视。过去大家都说戏剧有假定性，而电影最接近真实，没有假定性，童则指出，电影也有假定性，比如写一封信，电影几秒钟就完成了，这就是假定性。电影界听了一愣，觉得有道理。也许正因为这篇文章，电影界后来有什么活动，也常常邀请他出席。他记得在电影《黄土地》的讨论会上，双方争论得很激烈，他站在支持者一边，事后还写了一篇《我看〈黄土地〉》的文章，为初出茅庐的陈凯歌、张艺谋叫好。二十世纪八九十年代，新出了什么电视剧，他也是常被请去观看、评论的人之一。他是一介书生，有书生意气，敢于说出自己的一家之言，这反倒增加了他发言的分量、评论的分量。

他因此结交了演艺圈内不少青年朋友。

中央戏剧学院表演系八〇班，是他非常熟悉的一个班。这个班出了许多名演员，姜文、吕丽萍、丛珊、岳红、刘斌、仇晓光等都是。童先生和这些学生建立了很深的感情。他曾语重心长地对他们说：人的才华不是地底下的煤，什么时候都能开发出来。人的才华可能过一段时间就开发不出来了。你们还年轻，要把你们的才华早点开发出来。去年，八〇班的主讲老师张仁里出了一本《中戏表演系八〇班教学手记》的书，没找别人作序，请了童道明，足见童和八〇班的友情之深。

对北京人艺导演李六乙，他也是理解和支持的，竟至于为了替他说话，在会上和人吵了起来。李六乙是个不安分的喜欢探索的人，对他的探索有人不以为然，甚至认为是胡闹，但童道明认为，这种探索，其本质是前进的，是对戏剧有好处的，应该鼓励，不应该泼冷水。当年于是之、曹禺，即使不完全认同林兆华的戏剧观念,也还是支持他的戏剧探索的,这才是大家风度。我们也应该有这个气度,有这个雅量。

濮存昕和童道明的合作也是一例。濮是当红明星,出版社想请他出一本书。但濮明白,随便出书对自己没好处,便找到童,约他参与。童同意了。经商量,这本书决定采用对话体,不谈家庭一类与艺术无关的话题,而是着重谈他们共同认识的老艺术家,以展示濮存昕成长的土壤环境。这样一本区别于其他演员的书,印了一万册,深受好评,得到了国家图书奖三等奖。演员出书得奖,这还是第一次。

童道明永远忘不了对他有过大帮助的几位老师。

一个是他的母亲。母亲文化程度不高,只读过小学,但爱学习。童先生至今记得这个情景:小时候他从睡梦中醒来,看见屋里还亮着灯,母亲还在灯下专注地看书。母亲会作旧体诗词。有一年中秋节,母亲在北京,哥哥在安徽,他在莫斯科,母亲写了一首诗寄给他,其中有这样两句:“一家分三处,两地都思娘。”童道明读了,感动得泪湿双睫。母亲这种好学的精神,一直是支持他前进的动力。

一个是他的中学老师李慕白。李慕白是演过电视剧《四世同堂》"大赤包"的演员李婉芬的父亲,语文教员,教过高三时的童道明。他反对辞藻华丽的作文,也不欣赏慷慨激昂的时文,更讨厌文中充斥假话、大话、空话。他要求文章要言之有物、简洁生动,曾在童的一篇作文中挑出了八个错别字。童先生的文章能够自觉地朝好的方向发展,给人以精练、精致的感觉,是跟早年的这种修炼分不开的。

再一个是他的大学老师拉克申。拉克申只比童大四岁,童做他的学生时,他还是个助教,后来却成了苏联科学院通讯院士。他对童的影响是决定性的。事情起源于一篇学年论文,童先生得到的论文题目是《论契诃夫戏剧的现实主义象征》,这个题目非常难做,俄国同窗都认为他不可能完成。但童道明在拉克申的指导下完成了。拉克申对全班同学说:"尽管他的论文里还有语法修辞上的错误,但他的论文风格比你们的都高。"对论文的总评是:"这篇论文是独立思考的,写得也富有趣味。"这对一个异国青年来说,该是多么大的鼓舞呀!有了这次实践,童道明学会了如何写论文,"独立思考""富有趣味"这八个字,也成了他终身服膺的写作信条。

童道明家住劲松,离潘家园很近,是潘家园旧货市场的常客。他指着架上的书对我说:“这都是从潘家园买的。”语气间颇有些得意。童买书似乎不在乎版本,更多地是注重实用,因此,想在他那里搜寻稀见的本子,不太容易。就中有一本《留香集》,引起了我的注意。这书盖有原北京市文化局局长张梦庚的藏书章,封面画有白牡丹,是一本记述“四大名旦”之一荀慧生(艺名白牡丹)艺术生活的书,再版于民国十六年十一月。童先生以三百五十元购买的这本书,是架子上最贵的一本书,也最有版本价值。他有个习惯,买到有意思的书,总要写篇文章,这本书也不例外,结果得到稿费三百元,这书等于是以五十元买的,这可便宜多了。

他还爱买印文别致的旧印章。石头好坏他不懂,只要上面的文字有寓意,就买回来。我看见三枚这样的石章,都是阳文篆书,一枚刻的是“有精神谓之富”,一枚是“书生壮士之间”,一枚是“无画处皆成妙境”。采访结束时,我对童先生说:“文章的题目出来了,用‘有精神谓之富’和‘书生壮士之间’都能概括您。”我觉得这两个题目都很扣题。

近来童先生多写随笔,很少写理论性强的大文章了,这很合于老人心性,毕竟他也年近古稀了。他的文章常登在《北京青年报》的“天天副刊·潘家园随笔”专栏上。就在我写这篇文章时,他又发表了一篇《孔子和我们》。文中说:“中国人对孔子有三种态度,即神圣化、妖魔化和人性化”,他主张人性化地对待孔子,“孔子不是主张推己及人吗?我们其实也可以推己及孔子的”。采访中,童先生曾推己及时代地对我说:“总的来讲,我赶上了上世纪八十年代真是幸运。中国话剧经历了两个黄金时代——抗战时期和八十年代,我能赶上其一,真是幸运。”是的,童道明是幸运的,而我们的戏剧、电影有童道明这样的参与者,不也是幸运的吗?

二〇〇六年一月二十三日

索爷的巧思

中国木偶艺术剧院的索万金先生，人称索爷，生得眉目清秀、文质彬彬，乍看不过七十岁，聊起来才知道，老先生实足年龄已经七十六了。这个老青年往你跟前一坐，打开话匣子，滔滔不绝，瞧那精气神儿，谁能想到他身上患有多种疾病呢？

京畿雕小虫

索爷原籍东北，生在锦州附近医巫闾山的余脉龙头山下，二十世纪五十年代来京，从事木偶设计和制作。他用十个字概括了自己的一生："龙头山下人，京畿雕小虫。"

索爷这辈子做的木偶海了去了，总有好几百个，对于木偶的来龙去脉，他知道得一清二楚。他说，木偶的先驱是远古出现的俑，最初是陪葬品，如秦始皇兵马俑，直到汉末，才出现了具有表演功能的木偶。木偶和佛教紧紧相连，做木偶的人，也就是庙里塑佛像的人，故观音造型和旦角造型相同。宋代，木偶艺术进入鼎盛期。木偶戏又叫傀儡戏,孟元老《东京梦华录》中就有“杖头傀儡”“悬丝傀儡”“药发傀儡”的记载,可见其发达程度。二十世纪五十年代中国木偶剧团成立后,光大戏就演了四十几个,《西游记》《草原英雄小姐妹》更是妇孺皆知的剧目。过去,制作木偶的匠人和表演木偶的艺人是一伙人,做木偶的也要会操作木偶,连说带唱带舞,还要会演奏乐器,十八般武艺样样拿得起来,七八个人就可凑个班子闯荡江湖。后来有了分工,做演才分家。索爷到剧团,主要是设计制作木偶。

“小铃铛”诞生

讲起木偶,索爷话稠,实际上,他是个不善言谈的人,平时更喜欢动脑子。木偶本身是美术作品,立体的美术作品,造型讲究夸张,不能是现实人物、动物的简单模拟,而是重新结构,创造出新的造型。索爷殚精竭虑,为之付出了毕生心血。设计制作“小铃铛”,就很能说明这个问题。

眼下上四十岁的人,恐怕没有不知道“小铃铛”的。这是银幕上的一个小童星,最早出现在一九六三年北影拍摄的同名电影里。那是个样子十分滑稽又十分可爱的小男孩儿,一脸笑模样，让人瞧一眼就忘不掉。

我问索爷，是不是因为有了《小铃铛》电影，才为这部电影量身定制了“小铃铛”木偶。索爷说不是，是“小铃铛”木偶在前，电影在后。还是一九五五年木偶剧团建团之初，筹备节目阶段，需要个报幕员，大伙都觉得不用真人用木偶为好。这个设计制作木偶报幕员的任务，就落在了那时还非常年轻的索万金头上。做个什么样的报幕员？索爷动开了脑筋，琢磨来琢磨去，终于确定形象不能太正，第一，须是个孩子；第二，须是个男孩子；第三，须是个可爱、可笑的男孩子；第四，要在五官的谐趣上做文章。定下这么几条后，他就努力挖掘五官可笑的成分——一对大扇风耳，两个苹果似的小脸蛋，两只弯弯的月牙儿眼睛，头上一撮儿梳子背式的黑头发，外加一件白汗衫，一条红色吊带裤，手里一个小铃铛。他把这些因素凑合拢来，一个幽默可乐的小顽童，便栩栩然立在眼前了。从此，木偶剧团有了个摇着铃铛的小报幕员。但没起名字，更不叫“小铃铛”。

索万金先生在介绍他的设计

起意拍摄木偶电影的，是北影厂的老厂长汪洋。他让导演谢添、陈方千到木偶剧团，看看能不能从现成的木偶戏中挖掘出什么人物、素材。二位大艺术家来了，一见这个摇着铃铛的小报幕员，就喜欢上了，决定以它为主角，编一个故事。故事很快就编好了，讲一个小男孩，在马路上捡到一个木偶，想自个儿玩几天再还给剧团，后来他做了个梦，认识到只为个人打算是不对的，就把木偶还给了剧团。他们找了两个小童星——石小满和马佳——演兄妹，拍了一个既有教育意义又介绍了木偶和木偶戏的电影，公映后，受到了小观众们的热烈欢迎。因为木偶手拿铃铛，就起名"小铃铛"，电影也以此命名，大江南北从此无人不知"小铃铛"。二十多年后，谢添与老搭档索万金等人再度合作，又拍摄了《小铃铛》续集。

"小铃铛"进化

索爷做"小铃铛"，有一个"进化"的过程。正续集的两个"小铃铛"，区别不是很大，都是"外签"(即手上有根细长的签子，操纵者用此签控制胳膊的动作)，嘴巴有接缝，脖子上的簧也解决得不够好，头部摆动不很自然；变化是第一个"小铃铛"的手是死的，不能打弯，而续集中的“小铃铛”，手是活的，可以拿东西了。续集有个镜头，小演员领着“小铃铛”走过来，这个会“走路”的“小铃铛”，谢添问索爷会不会做，索爷想了想说会，就真做了一个能“走路”的“小铃铛”。为写这篇文章，我想看看这个镜头，但在网上没搜到这个片子，只能凭空揣测，这可能是和诸葛亮的“木牛流马”一样的东西，在什么地方安有一个可操纵的机关吧。索爷做的这两个“小铃铛”，第一个已毁于“文革”，第二个送给了导演谢添。

第三个“小铃铛”

去年，为申报非物质文化遗产，索爷以多病之身，又做了第三个“小铃铛”。这是一个技术大改良的“小铃铛”，根本之处是把“外签”改成了“内签”，胳膊的动作和嘴的开合，在木偶身子里边就可控制；脖子上的簧也解决了，头的摆动很自然。制作这个“小铃铛”时，索爷刚经历了丧妻之痛，心情很不好。妻子跟他是中学同学，俩人好得就跟一个人似的，索爷的生活全靠妻子照料，老伴突然一走，对他的打击太大了，人一下子垮下来，看屋里哪儿哪儿都是妻子的影子，触目伤情，不能自已，只好搬到另一套房子里去住。那也忘不了,只要想起老伴,眼泪马上就下来。侄子侄媳怕他难受坏了,只好过来照顾他起居。制作“小铃铛”,倒是可以让他分分心。

这个新做的“小铃铛”,他送给了北京朝阳区文化馆。文化馆负责朝阳区非物质文化遗产的“申遗”工作,中国木偶艺术剧院就在朝阳区,“小铃铛”入住朝阳区文化馆乃顺理成章之事。文化馆想给索爷一笔酬金,索爷坚决不收,他说:“我只是给国家做了一个作品。我不是卖木偶的。我要是想挣钱的话,八十年代日本就找我给他们做木偶,能挣大钱,我都没答应。”

这个“小铃铛”,他做了两个月,小小阳台上至今还放着他做木偶的工具。

美猴王及其他

前文说索爷爱动脑子,他动脑子并不仅限于木偶,还设计制作过别的东西。灵感一触发,就要试一试。他曾经给工作了几十年的木偶剧院设计过一个院徽,是手执金箍棒、手搭凉棚远眺的孙悟空,材料不过是一根S形铜片、三个铜圈、两个铜球和一根铜棒,如此简单的元素,经他一搭配,就变成了一个形神兼备

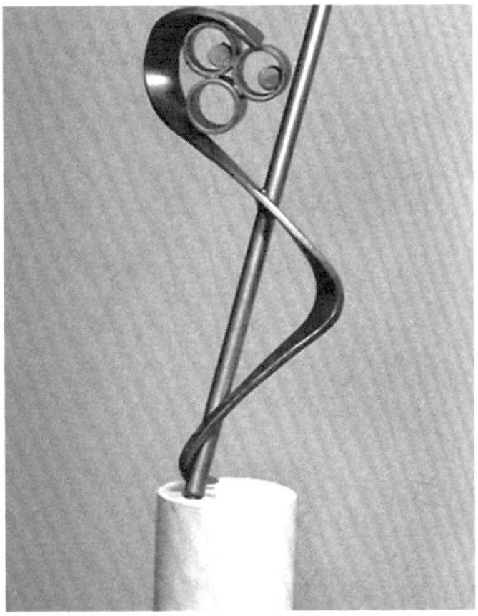

索万金设计的孙悟空

索万金设计制作的"小铃铛"

的美猴王。他说,孙悟空是中国木偶戏的代表形象,在国家木偶剧院门前立这么一个铜像,是非常恰当的。但是,这个设计没有受到应有的重视,至今仍然是一个小样,木偶剧院至今也没有自己的院徽。

他还为中国邮政设计过一枚邮徽,是一根线条画出来的两只鸿雁,朝相反的方向飞翔,以此隐喻书信往还。比起现在使用的邮徽来,他这个邮徽的构图更简洁,意思更醒豁。当然,也未被采用。他有一枚贝壳,借用上面天然的隆起和纹理,他雕刻了一个鱼美人,那飘逸的长发、柔美的曲线,活脱脱就是安徒生童话中海的女儿。他很想把这个作品送给丹麦的安徒生纪念馆,但怎么送,又是个问题。顶有趣的,是他在自己使用的一个木工刨子上所作的雕刻。这个刨子被他充分利用,每一面都刻上了字,是工具,也成为了一件艺术品,谁见了都会拿起来欣赏一番。他写了一首诗刻在刨子上,诗云:“天生难忍不平事,坎坷春秋苦乐中。老来刃穷仍是器,文房抚纸伴书翁。”这是对刨子的咏叹,也可视为他做人的原则。

七十几岁的索爷,仍有着一颗年轻的心、创造的心,有着许许多多的梦想。在送我们到电梯口时,他说了一句很不寻常的话:“我是给木偶以生命的人。我把我的生命都给了木偶。”这话听着颇有些悲壮。说这话时,他的表情一如往常,仍然是那么平静、恬淡,看得出,他对自己的一生是满意的,是没有愧怍的。

二〇一一年一月七日

附记:索爷本名索万金,已于二〇一二年三月十九日去世。

父女戏迷

文物出版社的编辑姚敏苏又要出差。这次是为一部陶瓷书稿南下广州。我照例祝她“一路顺风”。

她这是第几次出差,恐怕她也记不清了。她好像老是忙,忙上班,忙看稿,忙改稿,忙核红,忙与作者联系;稍闲时,就忙自己的事:看书、聊天、写信、听音乐、写稿子,当然,也忘不了看戏。

她跟话剧很有点儿不解之缘。

在中央工艺美术学院念书时,她就演过莎翁名剧《无事生非》的女主角希罗。当时学校有个剧社,几年来一直没有演成什么戏,她在史论系拉起的这个班子,倒把剧社比下去了,而且一演就是莎士比亚。连他们请来的北京人艺导演顾威听了,都吓了一跳,认为很不一般。看戏,更是她的所好,上初中就开始了,第一个是苏叔阳的《丹心谱》,跟着就是老舍的《女店员》《茶馆》,直到最近的《舞台上的真故事》,凡北京人艺的戏,虽不是每出必看,也看过大半。看了就评,多见于口头,有时也诉诸文字,见诸报端。她看戏有个特点:专注于细节,舞台上的一件道具、一声音响,演员的一个手势、一个眼神，都逃不过她的眼睛，因而她的剧评视角独特，常能见人所未见、言人所未言。收入文化艺术出版社一九八八年出版的《哗变》集的《那几声音响》，就是个绝好的证明。

她好看戏，也受外因影响，这就是她的父亲姚涌彬先生。

姚先生，无锡人，毕业于清华大学，五十年代初分配到人民教育出版社，在社长叶圣陶先生的指导下从事编辑工作，是新中国培养的第一代编辑。几乎与当编辑同时，姚先生即开始看北京人民艺术剧院的戏，成为了人艺的第一代观众。他保存了人艺许多老戏单：《雷雨》《伊索》《骆驼祥子》《名优之死》……纸色虽已发黄，却相当完整。他有一张照片，身着白衬衫，臂弯搭着件蓝制服，手执一张人艺的戏单，神采奕奕地站在沙滩路口，远处是景山的万春亭，身后是一辆行驶的无轨电车。在相片背面，他写了这样几行字：

红楼，景山，

北京第一路无轨电车，

纪念话剧运动五十周年演出

“名优之死”“潘金莲”观后。

一九五七. 九. 二十二

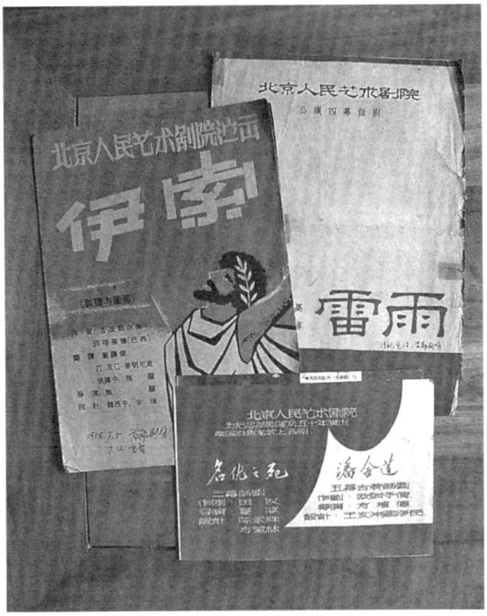

姚涌彬先生收藏的节目单

姚涌彬先生一九六二年在沙滩路红楼前

你看,这张照片是不是有点儿史料价值?

姚先生后从人教社调入文物出版社,在《文物》月刊编辑部先后任编辑、编审。数年后,敏苏大学毕业,也分配到文物出版社当编辑,这一对父女戏迷又成了同事。姚先生博学多闻,诚恳正直,工作始终兢兢业业、一丝不苟。他对物质生活追求甚少,而精神生活却很充实,父女俩很谈得来。在做人和为文上,敏苏从父亲那里受益可谓多矣。

不幸的是,去年岁尾,姚先生因病谢世,终年六十三岁。敏苏从此失去了一位良师,人艺从此失去了一位益友,人间从此少了一个好人,我也终于没有得到与这位前辈晤谈的机会。

姚先生一生坎坷,一世清白,他的独生女儿已经长大成熟,他的工作已结出累累硕果,同事、朋友都会长久怀念他,他当无遗憾地含笑于九泉。

外表沉静的姚敏苏,性格其实是很活泼的,平时好发点议论,时不时还"幽"上一"默"。比如我上西山去玩,她说是"投八路"了;她到江南出差,遇上洪水,自称是"视察灾区"。如此等等。"视察灾区"时,她在丹阳曾给我一信,说:"丹阳以南的常州、无锡、苏州,以北的镇江、扬州都淹了,只有丹阳平平安安。不仅是没有发洪水,这个城市简直就是一个世外桃源,是个怀旧的地方。你相信吗，在四周洪水的围困中，我居然写了一篇散文，专写丹阳的闲静。”这篇散文已刊《人民日报·海外版》，题为《丹阳的性格》，情辞并茂，写得很好。

我不止一次到过沙滩姚家。一室一厅的房间虽然不大，却很有雅舍的味道，一面墙被书柜遮了个严实，桌子上也净是书，墙上还有几幅壁挂和油画。顶有趣的，是书柜里的十几把紫砂壶，形制各异，做工精良。敏苏对宜兴紫砂有研究，说起来头头是道，还编过一本《宜兴紫砂》的大型图册，收入了上百把紫砂壶的图片，皆为珍品（她编过的书还有《中国文物精华》图册、《文物纵横谈》等）。她常坐在沙发上，边听音乐边看书。音乐的音量很小，在户内轻轻流动，她管这叫“背景音乐”，在这样舒缓轻柔的音乐下，有助于提高阅读或聊天的兴致。

她可真是个雅人。

一九九二年三月

书友徐鲁

有的人当你看他第一眼时，无须交谈，就会产生好感。待到认识了，果然谈得来，你会不由自主地想：他正是我需要的朋友。于是很快把他当成知己，希望友谊永远保持下去。初识徐鲁，我的感觉就是这样。

当时(一九九一年十月)，我们都参加了《中国文化报》文艺部组织的赣南之行，来自各地的作者会合南昌，第一天就游览了这座古城的几处名胜。徐鲁一路上都坐在大轿车的尾部，形单影只，不声不响。这自然引起我的注意。从他沉静的外表看，我断定他是个性格内向、不事张扬的人，这样的人孤僻，但执着，通常好学深思，不空洞浮泛。有了这样的感觉，后来在青云谱八大山人纪念馆买书时，因为我们都买了同样的书，便主动认识了。回宾馆的路上，他不再沉默，闲谈中知道他在湖北少儿出版社编《少年世界》杂志，业余从事儿童文学写作，已经出版了几本诗集和散文集。他非常喜欢读书，喜欢国内一些高品位的文学作品，也喜欢俄苏文学。他读的书确实不少，提到的好几位作家和作

摄于井冈山。右起：徐鲁、杨光、谭宗远、鞠健夫、杨胜生、蒋力

品，我都没有读过，而他的年纪还不足三十岁，整比我小十岁。

我们在南昌只停留了一日，第二天便开始了愉快的赣南之行。说“愉快”，一点不假，活动的组织者和参加者多是活跃的青年，一旦相识，马上现出本相，无拘无束，尽情说笑，没到赣州，就混熟了。赶活动结束，早已成为难舍难分的朋友。

徐鲁也不再矜持，话渐渐多起来，时而还开开无伤大雅的玩笑。他其实并不孤僻，只是不像我们那么放肆，闹得有分寸，不失儒雅之气。我们越来越多地一起聊天，聊作家，聊作品，他的见解总比我深刻。他也认识不少作家，写儿童文学的和不写儿童文学的；与老作家徐迟、曾卓来往密切，曾卓还专为他的诗写过评论。就在这拉拉杂杂的闲谈中，他吐露了一些身世，原来他从小就是个乡下苦孩子，早岁丧母，可他从没有消沉过，一直刻苦读书，从山东即墨老家考上湖北的大学，毕业后几经辗转，终于走上了文学编辑的岗位。他说这些时，丝毫没有炫耀的意思，甚至有点羞涩，但我能觉出他奋斗的艰辛。我几次试图把眼前有着柔软长发和大大眼睛的他，与乡间那个苦孩子联系起来，可是不行，他显然改变了许多，唯有他的性格还留有经过磨难的痕迹，偏于老成，不肯放声言笑；再有，他的胶东乡音至今未改，虽然也不似想象的那么浓重。

赣南是土地革命时的老区，民风淳厚，历史遗迹也多。我们沿途观风景，游遗址，听采茶戏，进行采访和联欢，收益极大，大家都感到此行不虚。而我和徐鲁还有一项大收益，就是沿途每到一地，必挤出时间找新华书店，淘几本大都会不易见到的好书，行囊因之加重也在所不计。最后检点一下，俩人都买的书，就有曹白的《呼吸》、贾平凹的《静虚村散叶》、李高信的《书海小语》(后两种书同列于陕西人民教育出版社的“又一村丛书”)。徐鲁还误买了一本毛姆的长篇小说《月亮和六便士》的英文本，这要怪封面的书名是中文的，他没顾上翻看里边，就忙着付钱了。

约莫十月下旬，我回到北京，曾接到徐鲁打来的一个长途，以后我们便开始通信。我向他编辑的《少年世界》投过几次稿，他则时常寄一些发表的新作让我看。他是个认真仔细的人，信写得长，修辞、标点也不马虎，显出训练有素。他很勤奋，新作迭出，净是几千言上万言的长文，给我的印象是天天都在写，且篇篇可观，语言、结构自是格外当心，铺叙心理、抒发感情更是强项，笔墨婉曲从容，颇能感人。我每自愧文章寡淡如白水，没有他那样一支极善表情达意的笔。

他给我的信，我原打算全留着，后来因为房间太小而东西太多，没地方存放，连同其他许多信一道都处理了。手边现有的几封，是放在一只大信封里才保存下来。为写这篇文章，我把这些信又读了一遍，重温了他待我的那份诚恳的友情。现在，我把其中和书有关的几个片断摘抄下来，稍作解说，以见我俩交往的一斑。

"骆宾基的作品我读得不多。手头只有他一本薄薄的《瞭望时代的窗口》(散文杂文集，八十年代初人民日报出版社出的'万象丛书'[?]之一种)。但里面有些文字是很好的，我印象最深的是读解《诗经》的几段。我还曾在自己的一篇散文中表述过这点看法。他的小说我印象不深。但就凭你信中所说的他‘刻画穷苦的小人物很传神’这一点,我愿意去找来读一些。”(一九九三年三月二十二日信)这是他从宜昌公干回来给我的信,其时我刚重读完骆宾基的小说集《北望园的春天》(“文革”时在兵团读过一遍),大概向他随便提了几句,想不到他早在文章中对骆文发表过看法。骆宾基的小说确实好,故二十多年后重读仍令我感动,于是才跟徐鲁念叨。他提到的那本《瞭望时代的窗口》我也有存,系人民日报出版社出版的“百家丛书”之一种,他也怕记错了,故在“万象丛书”后边打了个问号。

“长江文艺出版社为徐迟先生出了套四卷本的文集,我为你留了一套,待稍凉时我去找他题字后即寄你。原是十卷集的,包括《江南小镇》在内。现在《小镇》已由作家出版社出了单行本,还没见到样书。四卷集包括诗、报告文学、小说等,印制得也还可以……”(一九九三年七月九日信)这又是由我的信惹出的“麻烦”。忘记在什么上面看到,徐迟在用电脑写作自传体长篇小说《江南小镇》,书名就叫我神往,又出自老诗人之手,很想得到一本,便向徐鲁打探消息,答复一直是书还未出,最后便接到了这封信。实际是未及秋凉,徐鲁已将四卷文集寄来,精装本的护封上印有徐迟的侧面头像。诗人的签名在卷一(诗歌卷)扉页上,圆珠笔写着“为谭宗远签名　徐迟　九三年夏”，笔道很重。徐鲁后来还想寄我一套《碧野文集》，因没找到成套的，只好暂时搁置。

徐鲁寄我的书，远不止这套《徐迟文集》，前前后后加起来总有五六包，四五十本。他知道我有个上中学的孩子也爱看书，就寄来许多少年读物，其中有一套他们社出版的科普丛书，孩子从中长了不少见识。寄给我的书也净是我喜欢的，如温源宁的名作《一知半解》（影印本）、台湾作家小民的《故都乡情》、伍禾的诗集《行列》、鄢国培的长篇小说《漩流》（“长江三部曲”之一）等。即使如此，他在去冬的一封信上仍说：“还有要送你的一些书，得去要，得去另找，我会陆续要来寄上的。如武汉地区的一些作家的散文集，比较好的，我会请他们签名送来的。”就在不久前，他还寄来他的一本近作散文集《你的快乐在远方》，内收五十三篇美文。从“作者简介”中我才知道，他已在一九九二年加入了中国作协。

徐鲁待我可谓至诚至厚。

去年清秋，徐鲁来京开会，我原想陪他到各处走走，可是他忙，只见了一面，未能深谈。不知他何时再来。真想念他呀！

一九九四年六月十日

忆老萧

去年十月，全国第九届民间读书年会在温州举行，我见到老萧，一起在雁荡山合了影。十一月初，单位组织去湖南旅游，第一站长沙。我给老萧短信，希望和他见面。老萧回信：欢迎来长沙，我请你吃饭。我回信：饭就免了，见面足矣。

五号中午到长沙，只安排下午半天游岳麓书院和橘子洲，翌晨即须离开去韶山、凤凰，日程颇紧。我给老萧短信：已到长沙，晚上有时间就见，没时间下次再说。老萧回信：面一定要见，请你吃晚饭。我回信：饭不吃了，再联系。下午刚参观完岳麓书院出来，手机响了，老萧的电话，说他正往长沙赶，晚上见面去钟叔河先生家。他说话湖南口音重，不容易听懂，我没问他怎么是在外地，就把电话挂了。简短截说，晚饭甫毕，我即按照老萧讲的地址，打车到营盘路新闻出版局门口与他会合。因为老萧的口音，这个营盘路，我一直听成是迎宾路，便跟司机说到迎宾路新闻出版局。亏得司机是个老长沙，说迎宾路没有新闻出版局，他叫我拨通电话，跟老萧核实了一下，径直把车开到了营盘路。还没下车，就见七十多岁的老萧，正坐在出版局楼下的一根柱子旁等我。

寒暄几句，我问老萧：到外地干什么去了？老萧说，他女儿今天结婚，在县城办喜事，他去参加婚礼了。听到我来，赶紧结束那边的事情往回赶。我说，女儿结婚事大，您不该丢下不管，早知今天是喜日，我就不打扰您了。老萧说，你来长沙不容易，我理当接待。县城很近，坐一两个小时汽车就回来了，很方便。我心里真有说不出的感动。

接着就是到马路对面买水果。我说给钟先生一份，给他一份。他说什么也不要。我说，您是长辈，我给您买东西是应该的。他说，不要不要，只给钟先生买好了。态度很坚决。我只好不再坚持，拎着水果跟他再回到出版局马路这边。从聊天得知，他没事喜欢写写毛笔字，我想起家里有一卷多年不用的毛边纸正好给他，跟他一说，他对这个倒有兴趣，愿意要，我答应回去后寄给他。

他显然是钟家的熟客，带我穿楼进院走楼道乘电梯，顺顺当当就到了钟先生的念楼门口。钟先生事先知道我要来，已在门厅等候，依然是干干净净、利利落落，精神状态、身体状态都很好。我们在已经改成书房的客厅喝茶闲谈，说到李普、李锐，还说到出版家沈昌文，都是钟先生的好朋友。钟先生说，他现在不怎么主动与人交际，但是有朋友来，他总是欢迎而且愿意谈天的。他的湖南口音也较重，但比起老萧来好懂多了，我们谈得很愉快。他拿出一本新出的散文集《记得青山那一边》，签名送给我，我还吃了多半个橘子，辞别了好客的念楼主人。

到了街上跟老萧又有一番小争执，我要打车先送他回家再回旅馆，他执意不肯，一定让我自己走，他自己坐公交车回去。出租车已经来了等在那里，我怕司机不耐烦，只好跟他匆匆道别。关上车门，回头看了一眼，七十多岁的老萧杂在灯光人流中向汽车站走去，留在我眼里的，是他那踽踽独行的发胖的缓缓移动的背影……在车上，接到老萧短信，大意是：今日匆匆一面，明天又是关山万重，祝旅途愉快，一路顺利。车子经由新开通的隧道，上了湘江大桥，老远看见橘子洲头有璀璨的礼花升起，映红了夜空和江面。原来今天是周六，是橘子洲放焰火的日子，大半个长沙城都看得见。

怎么也想不到，这竟是我和老萧的最后一面。

今年二月中旬，接十堰李传新电话，说老萧查出了胰腺癌，医生说只有三四个月好活了。这真是世间最坏最坏的消息。更想不到的是，才过了一个多月，就从礼阳处得知，老萧终于不治，

老萧在民刊会上发言　　冯传友摄　老萧病中校看的就是这本书

已于三月二十二号过世了。据吴昕孺在天涯社区发的帖子讲，病床上,他还在挣扎着校对他的第一本书的书稿。可惜的是,他没能等到这本书出版,就匆匆上路了。他没有挺到三四个月,走得太急迫了……

我和老萧开始通信于二〇〇三年,首次相见于二〇〇四年。平时只在一年一次的民刊会上见一面,来往不多。忘记哪一年,他托我向老诗人牛汉组过一回稿。他有一篇写女诗人陈敬容的文章,曾发在我编的《芳草地》上。去年在长沙,是我和他最长的一次接触了。他留给我的印象从通信伊始就很好,善良,谦和,好脾气,低姿态,有学问,有修养,就像个可亲可敬的老大哥。但愿我后来寄给他的毛边纸,他曾用来写过字,这样也不枉我们相交一场了。

二〇一二年三月二十四日

附记:萧金鉴,我称他萧先生或萧老师。但书友之间,都称他老萧。这个称呼更让人感到亲切。

情系铜墨盒

北京城大大小小的“玩家”不少，可要讲肯下功夫，玩的东西全，又玩出样儿来的，却也不多。靳连生先生就是这为数不多的玩出样儿来的“玩家”中的一个。

我手头有份记录，记着他玩过的名目。头一样是蛐蛐儿，接下来是小兔、小猴、小牛、小羊、鱼、鸽子，再下来是花儿、京剧、京胡、中医、书法、根雕、篆刻，后来又是石头，直到眼前热衷搜集的葫芦、鸽哨、铜墨盒。好家伙，将近二十种。若以两年玩一样计算，玩遍这些东西要四十年，难怪五十多岁的靳先生常说：“我这辈子没干别的，净玩了。”玩而能“净”，可见其人懂得生活应是一片乐土，而不该是一潭止水。这样的人有福了。

玩得杂是否就玩得浅？不一定。看靳连生的玩，哪样也不含糊。例子有的是，举几个说说：养花，最多养二百多盆，尤其嗜菊。文革“破四旧”，忍痛“革命”，把一百五十来盆菊花扫数扔到垃圾站，至今思之犹有余痛。学书，与李铎、刘炳森为师友，风里来雨里去，光临颜真卿的《多宝塔》、柳公权的《玄秘塔》就临了三年半。根雕,参加过北京市第一届根雕展和全国第一届根雕展。篆刻,选篆书或甲骨文字体,以深挖的办法在木板上刻字,再填以石绿,古雅大方,极富立体效果。票戏,更是当行出色,唱过青衣、老生、花脸,老师先是乃父,后是净角演员吴子言、旦角演员任志秋。学的戏码有《起解》《坐宫》《武家坡》《叫关》《打渔杀家》《空城计》《打龙袍》《锁五龙》《探阴山》《姚期》《盗马》等。十四岁登台于和平里建筑工程部礼堂。本想继续求得发展,不料嗓子倒仓,只好作罢。您瞧,玩得够意思吧!

可靳先生对自己并不满意,有一回他对我说:“我这人对什么都好奇,玩什么都讲究玩人头里,可过去都是胡玩,不系统。现在五十多岁还有童心,要玩,得找适合自己条件的玩,弄出点名堂来。”说这话时,他已然给自己确立了新的目标,这就是搜集鸽哨、葫芦、铜墨盒,以搜集铜墨盒为主。

本文就想谈谈他是怎么搜集铜墨盒的。

今年第七期《收藏家》杂志,有靳连生的一篇文章《铜墨盒琐记》,对铜墨盒的发端、演变、制作工艺等论列颇详,是一份颇有见地的文献。根据文章辑录的资料看,铜墨盒起源于清代嘉(庆)道(光)年间,原为素面圆形天盖地式,是为读书人携带方便这个实用目的制作的。到了同治初年,人们有了审美需求,才一改素面墨盒为刻铜墨盒，其形制也才有了诸般变化。使墨盒从单纯文具变为艺术品的第一人，是同治秀才陈寅生，稍后的南京人濮又翎，民初北京同古堂主人张樾丞及其二子少丞、幼丞，也都是刻铜高手。刻铜墨盒一时大有与宜兴紫砂并称双绝之势。

但到靳连生搜集铜墨盒时，由于国人书写习惯改变，早已弃毛笔而用硬笔，铜墨盒业已经衰竭。十多年前，他在朝阳门委托商行，曾以四块钱买得一方纹饰精美的铜墨盒，就说明了铜墨盒的命运何等凄凉。近年随着古董热的升温，这种情况自然不会再有，最贵的铜墨盒竟有逾万者，又从反面说明了“物以稀为贵”。

靳先生可没有一掷千金的财力。他喜欢铜墨盒，是喜欢它的雕刻和造型，从没想过以此囤积居奇，捞他一把。他要量入为出，索价奇昂的铜墨盒不敢问津，只好把希望和运气押在腿勤这个宝上。他身材不胖，结实灵便，又会骑车，这为腿勤打下了基础；办了退休，又给腿勤提供了时间。他于是城里城外到处跑，官园、白桥、黄城根、红桥、榆树馆、兆丰、亮马、朝外大棚、利康、劲松、海王村、荣兴画廊，凡卖旧货的地方，没有他不去的。许多摊主瞧见他，老远就喊：“收墨盒的来了！”他就问今儿又上了什么好货，摊主就拿给他看，经眼的货色一多，他也能辨别出好坏真伪来了。他告诉我，现在坊间铜墨盒赝品不少，像托名姚茫父的墨盒，字画多数都很差，一看就知道是俗手任意翻刻的，不熟悉书画家的用笔用墨和印章，很可能花冤枉钱上当。他对此是颇为警惕的。

逛摊之余，他也下心思收集铜墨盒资料，结果发现这方面的记述少得可怜，就是这一鳞半爪的记载，也多是乙抄甲丙抄乙，绝少发明。这使他失望，也促使他立下深入研究的宏愿。他开始向老先生请教，尤其急于要找到刻铜高手张樾丞的后人，因为张樾丞刻的墨盒极为罕见，而张樾丞的技艺又是他心仪已久的。

他最早领略张樾丞刻工，是在王世襄先生家。王先生收藏的这件墨盒，是王先生舅舅、名画家金北楼送给王先生母亲金章的(王母也是一位画家)，由金北楼出画稿，张樾丞所刻，画面是山水，刀法老辣，线条流畅，气韵生动，有“方寸之间，气象万千”之妙。说来也巧，其后不久，他竟意外地买到了张刻墨盒，画是近代画家吴观岱仿金冬心的梅花图，落款为“癸丑五月，为华亭兄藏书记。樾臣题于京师”(按：樾臣即樾丞)。买完墨盒出来，恰遇篆刻家熊伯齐夫妇，熊告诉他樾丞之孙名张国维，现在琉璃厂观复斋挂单治印。回到家，又接好友姚敏苏电话，说史树青先生见告，樾丞之次子幼丞今仍健在，可以去拜访。这一天吉星高照，真应了“踏破铁鞋无觅处，得来全不费工夫”的老话，来了个三喜临门。自此，靳连生与幼丞先生和国维成了好朋友，时相过从，获益良多。

铜墨盒是贮墨之物，流落坊间，不免已是锈迹斑斑、臭墨凝结，十分难看。到了靳连生手里，经过一番清洗打磨，就如脱胎换骨一般，出落得明光瓦亮，漂亮极了。他还做了个铝合金玻璃柜，每层衬以红丝绒，选有代表性的墨盒陈列起来，像看护无价之宝似的。这些收藏确实不一般：材质有红铜、黄铜、白铜、错铜错金之属；形状有方、圆、椭圆、双环、双菱、六方、八方、桃、枣核、花瓶、古钟、古钱之别；图案有山水、名胜、人物、动物、书法、印章、照片（即将照相制版技术移用于铜刻）之分；作者更是名家辈出，既有陈寅生、陈师曾、姚茫父、陈半丁、溥心畬、马晋等文人，也有冯玉祥、冯治安、冯占海（三冯均为国民党爱国将领）等武人。这些林林总总的藏品，构成了光怪陆离的铜墨盒世界。这个铜墨盒世界，凝聚着靳先生多少爱心，多少汗水呀！

空闲时，默对几百件铜墨盒，他感到的一定不仅仅是快慰幸福，恐怕还有一个平民收藏家来之不易的骄傲吧。

写于一九九四年底

万羽信鸽腾空记

今天是你的生日，我的中国，

清晨我放飞一群白鸽，

为你衔来一枚橄榄叶，

鸽子在崇山峻岭飞过……

在这支赞美祖国的歌中，鸽子的形象异常鲜明。

国庆放鸽——一个很好的传统，一个很美的镜头。

但有哪次能与在国庆五十周年庆典上放飞一万羽鸽子相比呢？

老谢——谢景山，一个六十多岁的壮实汉子，逢上了这件盛事。

老谢打小就喜欢鸽子。

他出生在北京牛街一个穆斯林家庭。小时候的一件事，让他一辈子都记忆犹新：有一次，一只鸽子受了重伤，落在他家，父亲见了老大不忍,用针线把鸽子的嗉子缝好,救活了它。养了一些日子,等调养到鸽子能够上房了,父亲说:“去吧!”就把鸽子放了。父亲告诉景山,鸽子是益鸟,对穆斯林来说也是圣鸟,全世界的穆斯林都不伤害鸽子。正说着,刚放走的那只鸽子又飞了回来,现出依依不舍的神情。父子俩也喜欢这只鸽子,就养了起来。从此谢家有了鸽子,谢景山也与鸽子结下了不解之缘。

光阴荏苒,几十年后,老谢担任了朝阳区信鸽协会秘书长,负责全区信鸽的训放和比赛。他结交了许多鸽友,组织了许多赛事,他的豪爽性格和组织能力,使他成为了领导和下属都信得过的人。

今年八月下旬,朝阳区体委接受了在天安门五十周年国庆大典上放飞一万只鸽子的重任,任务交给了朝阳区信鸽协会。大家深感光荣,更觉责任重大,对于能否把鸽子如数征集上来心里没底。可老谢却胸有成竹地说:“我们有两千五百名会员,每人交四五只鸽子不就解决了。一万羽没问题。”老谢敢说这话,是因为他参与过亚运会开幕式鸽子的放飞工作,有经验,他的表态给大家吃了一颗定心丸,区体委立即成立了庆典放飞领导小组,要求组织品种好、体魄健、飞程远、羽色美的信鸽。鸽协会员得到消息后雀跃不已。

老谢平常对信鸽协会的事特别上心，仅今年一年，就组织严格放飞十二次，有一千多名会员参加，有六万余只信鸽完成了由近及远、由易到难的训练。无论是五百公里的中途放飞，还是一千公里的长途放飞，都获得了成功，返回率极高。他对胜利完成国庆放飞任务充满了信心，布置准备二百八十八个笼子，每个一米长、五十公分宽，可装三十多只鸽子，并全部喷上了白漆(后来又改喷苹果绿漆)。

秋季正是鸽子放飞的好时节，老谢在即将完成重大任务之前，没有忘记演练一下他的队伍。九月二十五日下午，鸽协收鸽子，准备进行五百公里飞行比赛。会员到协会交鸽，办理贴胶条、登记鸽子颜色和足环号码等手续；晚九点，两辆载重五吨的运输车和一辆面包车，载着六千七百羽鸽子和七个一级裁判员出发了，连夜赶往岳飞的老家河南汤阴，这里和北京的空中距离正好五百公里。他们走后，坐镇北京的老谢，通过电话和他们保持联系，详细掌握天气情况、路途情况、安全到达后的情况。

二十六日晨，放飞队抵达汤阴，报告当地雾很大，对面几乎看不见人，请示他这位秘书长是否放飞。老谢知道，按照常规，雾散雨停才能放鸽，便让他们先等等。近八点，报告说雾小了些，太阳出来了，他心里一喜，果断下令：“有太阳就放！”八点整，电话里清晰地传来“开笼”的命令，六千七百羽鸽子振翅朝北京飞来。这些鸽子中，参赛的二千七百羽，其余是训放的。根据报到结果，当天就回来了三百四十八羽。与此同时，指挥车也开始返回北京，老谢让他们直接开到北京汽车修配厂，把二百八十八个已经喷成绿漆的笼子，运到朝阳区信鸽协会。因为按照计划，三十日下午五点钟，就要开始收集参加大典的鸽子了。

飞向北京的鸽子，过了三天才全部回来，老谢也在电话机旁守候了三天。三十日中午十一点，他来到协会，做收鸽前的准备工作。他把工作人员分成八组，每组四人，一组接待一队；让交鸽的会员排成八队。会员们热情真高，生怕来晚了误事，中午十一点半就有排队等候的了。

天公不作美，就在人越来越多，马上要收鸽的时候，下午四点十分忽然下起雨来。排队交鸽的会员不为所动，照样排队等候。雨越下越大，人越来越多，会员宁愿自己挨淋，也要把雨伞、雨衣、衣裳盖在笼子上，为心爱的鸽子挡雨。老谢见此情景，深受感动，吩咐提前收鸽。

紧张的验收工作开始了。工作人员都是行家，鸽子到手，一看一摸，就知道是否强健。强健的留下，体弱的剔除。收一羽鸽子，发给主人一个纪念环，并在会员证上盖上“国庆五十周年放飞”的鲜红印章。选中的鸽子即放进绿漆笼子,用苫布盖好。

正忙得不可开交,报社和电视台记者闻讯赶来采访。老谢很想坐下来踏踏实实向他们介绍一下情况,可是许多人都围着他,实在抽不出身。何况他和工作人员也在雨中,浑身上下全湿透了,只好谢绝采访。就这样,到晚八点半,收了一万零九十九羽鸽子。

晚八点多,六辆军车和公安战士来了,开始对选中的所有鸽子进行安全检查。安检毕,二百八十八个笼子全部装上汽车,运往先农坛市信鸽协会,又进行了一次安检。这些步骤老谢一直跟着,没有休息。不知不觉过了子夜时分,十月一日国庆节到了。

老谢通宵未眠,只吃了块面包,凌晨三点半,就带着十三名工作人员出发,上天安门广场了。

出门时还下着小雨,不久变成了稀疏的雨丝,最后终于停了。夜凉如水,衣服未干,小风一吹,冷飕飕的。他们来到广场中央的旗杆下,把笼子摆在旗杆两侧的地上,用绢花把笼子遮盖起来,不知道的,还以为这里是个花坛,绝想不到下面藏着鸽子。这以后,老谢才比较轻松了,在笼子周围溜达、休息,喝点儿矿泉水。大典开始后,他们就在笼子后面待命。那么热烈雄壮的场面，什么也没看见，从始至终看到的都是军乐团的背影。

中午十二点四分，最后一支游行队伍——少先队——走到东华表跟前停住，涌向天安门，他们也于此时得到了放鸽的命令。十几个人火速打开鸽笼上的活扣，笼门大开，二百八十八个笼子里的一万零九十九只鸽子早就憋不住了，一群群腾空而起，空中响起一片扇动翅膀的声音，万羽鸽子像一片云彩，顿时把天空都遮没了。这情景，使谢景山这条硬实汉子激动得眼睛都湿润了……

老谢和他的同事，以优异的工作获得了北京市庆典指挥部颁发的荣誉证书。明年，北京将举办世界信鸽比赛，等过完这个年，他又该忙上了。

一九九九年十二月十日

我的朋友蒋力

一

叫蒋力这个名字的，我知道三位，一位是搞平面设计的，设计过黑塞的《轮下》等书的封面；一位是女的，发表过文章；还有一位男士，就是我这里要写的。

他是我的朋友，但是我却说不出他的确切年龄，只知道他小我不少，样子也比我年轻得多(虽然近些年头发也开始白了)。我们认识十多年，他没来过我家，我也没去过他家，不经常见面，也很少通电话，如果见面，都是与别的朋友一起听戏、吃饭、喝茶、谈天，他以他特有的幽默和谈锋，常居于主角的位置。吃完了，侃够了，就分手，何时再见不知道。表面上是相忘于江湖了，其实谁也不曾把谁忘掉，总在互相关注谁发表了什么文章，谁出了趟远门，谁正在忙什么。也许这就是古人所谓的“君子之交淡如水”吧。

他交际很广，文化界的熟人、朋友很多，特别在音乐圈和文学圈，认识的人更多。先说音乐圈。有一次他邀我参加由他主持的一个座谈会，座谈小剧场歌剧《再别康桥》，与会者绝大多数是音乐界人士，他都认识。这些人在发言中也多次提到他，能听出他们之间已有十几二十年的交往。他与指挥家李德伦更是交厚，五年前就为“李大爷”编了一本随笔集《交响人生》，可是不知为什么，这本书直到李德伦去世后才问世。在李德伦生前身后，他为老先生写了不少文章，在老人的追思会上，说到动情处，竟至于泣不成声。蒋力喜欢音乐，喜欢与音乐人交友，跟他是感情型的人有关，他表面给人的印象好像挺沉稳，其实是很容易激动的，喜怒俱形于色。这有时候会给他惹来一些麻烦。不过对于他贴近音乐，搞音乐评论，这样的性格也许倒更适合。

再说文学圈。他同样喜欢文学，对文学投入了更大的热情。如果问他此生最大的爱好是什么，我敢武断地说，是写作。他出过两本书——《变革中的文化潮》和《音乐厅备忘录》，合起来有四十多万字，这仅是他创作的一小部分。他与不少作家是朋友，最熟的是黄宗江，跟曾卓、高莽、张辛欣、铁凝也有交往。他大学读的是中文系，编过报纸的文艺副刊，这也是他钟情于文学的一个主因。

他还喜欢绘画，著名工笔画家王叔晖和他有师生之谊；喜欢

蒋力和黄宗江先生(左)闲聊

话剧,跟北京人艺不少演员相熟。这些都证明他有着多方面的才艺和修养。他之所以能够在文艺这条道路上苦苦跋涉不停步,绝非偶然。

二

我和蒋力相识于一九八九年。当时,我常给《人艺之友报》写稿,是该报的特约通讯员(《人艺之友报》是北京人民艺术剧院办的一张小报)。一天,我收到一份《中国文化报》,上面转载了我登在《人艺之友报》上的一篇文章,同时附来一信,是蒋力写的，有“希望以后多联系”等语。我读了非常高兴，才知道蒋力是《中国文化报》文艺部的编辑（他的大名我早就知道）。我们就这样认识了。几个月后，我所在的单位有个节目参加了中国艺术节，我写了篇鼓吹文章，想登在文化报上，就给蒋力送去，在报社位于和平里的一座灰砖小楼里见到了他。他当时就看了我的文章，认为可用，说他正好在编艺术节专版，让我再寄两张照片来。大概过了一周，稿子就见报了。他给我的印象是沉稳、干练而寡言。

隔了一年，一九九一年八月，他忽然打来电话，告诉我他们文艺部正在举办“党与文化事业”征文，要我也写一篇，这样就有机会参加到井冈山的采风活动。受此鼓舞，我马上写了篇人物速写寄给他，他马上编发了，当年十月，我就有了井冈山之行。

这是一次难忘的旅行。各路作者会合于南昌，在文化报老总马畏安的带领下，在蒋力的组织下，开始了为期一周的行程。在这支队伍里，有文学评论家曾镇南和他新婚的妻子，有文艺报记者贺绍俊和新闻出版报记者李晓燕，有来自南京、武汉、哈尔滨、延边、桐城、廊坊等地的作者鞠健夫、徐鲁、李冰牧、杨光、童树桐等，还有文化报的编辑杨胜生、陆璐、李志宏。我们先在南昌游了八一起义旧址、八大山人纪念馆和滕王阁，转天就乘一辆省杂技团的大轿车直下赣州。南昌在江西北部，赣州在江西南部，直线距离有几百公里，只有一条公路可通，车多路窄走不快，我们坐的又是一辆不折不扣的“老爷”车，坏了好几次，早上出发，到赣州时已是晚上十点来钟了。但大伙的说笑一路上都没有停。在赣州，我们登上了辛弃疾吟咏过的郁孤台，俯瞰了章、贡二水合流而成的浩浩赣江，遂赴我国钨矿基地盘古山，在那里开了颁奖会，住了两天，与当地的青年职工举行了联欢，还由蒋力安排我，到附近茶场做了一次采访。然后到红军长征出发地于都，参观了果实累累的橘园，吃了甘甜可口的金橘，可惜没有找到红军乘船出发的渡口。最后来到井冈山。此时刚交十月中旬，井冈山的夜晚已颇具寒意了。我们游览了黄洋界，瞻仰了朱总司令挑粮路过并在下面歇过脚的槲树，拜谒了毛委员住过的八角楼，走访了一位家道殷实的老大娘，还和一名老赤卫队员做了攀谈。井冈山最让我着迷的，是满山的杉树和竹子汇成的一片汪洋，那叫一个绿，起伏连绵，无边无际，简直绿到了天边外，绿到了心里头。

这次出游，增长了不少见识，也交了几个朋友，我为此一直感念蒋力给我提供的这个难得的机会。我和他真正熟起来，应该是在这个时候。

不久,他认识了我的几个朋友——段宝文、姚敏苏、靳飞。段、姚、靳加我,也是三男一女"四人帮"。蒋力就叫我们每个人写一篇文章,同时登在他编的一个版上,他再写篇文章,介绍一下我们几位。这个让我们在一个版面上同时露脸的创意,在他的促成下真就实行了,据说外界的反响还不错。

可是过了没两年,就听说他犯了什么错,脱离了所热爱的编辑岗位,成了自由撰稿人。一年后,又听说他到北京音乐厅当了副总经理,起初干得挺火,不久又离开了,到了中央歌剧院当业务处长,后来又到北京剧院当艺术总监。他的频繁换地儿,为了事业,也为了生存。他没有发财,也没有当官,所做皆与音乐有关。他也许还会漂泊下去,但有几个头衔是不会变的,这就是制作人、乐评人和作家。

三

我终于有机会和蒋力长谈,是最近的事。为了写这篇文章,我约他到餐厅,喝着大麦茶,吃着简单的饭菜,听他讲述他的经历。他讲得概括,我记得简略,何况还常常跑题,我只能跳跃式地在这里记下几个重点。

那天他带来两本书送我，一本是前面提到的《交响人生》，东方出版社去年十一月出版，是他编的，但没有署他这个编者的名。一本是安徽教育出版社出版的《论学谈诗二十年——胡适、杨联陞往来书札》。这位杨联陞，是胡适的得意门生，一直在哈佛大学任教，在胡适生前二人经常一起唱和、论学。他是蒋力的外公，蒋力曾有专文记述他。这本书札共收书信二百零五封，其中胡致杨八十八封，杨致胡一百一十七封，起讫时间为一九四三到一九六二年，可谓弥足珍贵。

蒋力从小对音乐就敏感，一部歌剧《江姐》，里面的全部唱段和台词他几乎能背下来。他至今记得小时候的一幕：外头下着雨，他坐在雨搭下的小板凳上，捧着一本《江姐》边看边唱。雨在身边哗哗地下，时有一些小雨点溅在身上书上，他也浑然不觉，完全被那动情的唱段俘虏了。正是这个戏，在他心里播下了对歌剧痴迷的种子，促使他这些年不停地听歌剧，不停地写谈论歌剧的文章，包括像《歌剧在中国的命运》《歌剧一九九〇》这样的大文章。他自豪地对我说，文化记者当中，像他这样关注歌剧现状的，没有第二人。当然，他这么爱歌剧，还要感谢许多人的指点，其中最重要的一位，是指挥家郑小瑛。他记得大学毕业前，在天桥剧场看歌剧《茶花女》，开演前郑小瑛要讲二十分钟歌剧普及讲座。他听了觉得非常好,当场就问郑老师,能否到他就读的学校讲一次课。郑老师当即答应了。可他不相信这是真的,回去又给郑老师写了封信,郑老师马上回信,跟他约好了讲课时间。他把郑老师接到学校,一共讲了两次,大受同学们的欢迎。他西洋歌剧的基础知识,就是这么得来的。他至今珍藏着郑老师写给他的几封信。

写歌剧评论,发表的报刊是不多的,上海的《歌剧艺术研究》是这少数几块园地中的一块。这是一个清贫的杂志,几乎没有稿费,但蒋力一直给它撰稿,直到去年最后一期,杂志办不下去了为止。杂志主编商易,是舞剧《小刀会》的作曲,刚刚去世。蒋力与商易订交十年以上,深受教益。他说,商先生是个难得的好人,宽容的奖掖与引导,不经意的指点,使他有“桃李不言,下自成蹊”的感觉,就像再生父母一样。商先生的死使他很难过,他在《音乐周报》上写了悼念文章,还配了一幅他为商易画的肖像画,是位瘦瘦的很知识分子气的老夫子。

酷爱歌剧的蒋力,不满足于纸上谈兵,多年来一直想通过自己的努力,在舞台上搞他几部歌剧出来。在中央歌剧院业务处长任上,他曾策划过把《上海犹太人》搬上舞台,但因经费太大,不与国外联手做不下来,没有成功。他还有把弘一法师搬上舞台的想法，也还未能实现。他只有策划一些音乐会的演出。去年年底，事情有了转机，他终于培植出了一朵小剧场歌剧的奇葩——《再别康桥》。这原是一出四幕的大歌剧，限于成本，改成了小剧场歌剧。蒋力担任制作人，并在剧中扮演诵者这一角色。该剧主要描述了诗人徐志摩和林徽因、陆小曼的感情纠葛，写出了那一代知识分子的精神追求，其中有许多优美的唱腔，像一首哀婉抒情的诗篇，征服了年轻观众的心。这也是我国第一部小剧场歌剧，舞美、灯光朴素而讲究，所有的创作人员都一丝不苟，形成了“一棵菜”。蒋力扮演的诵者，在剧中一句唱都没有，却至关重要，起着穿针引线的作用。他的表演朴实无华，尤其在朗诵胡适追悼徐志摩的大段独白时，他落泪了，一些观众受他感染，也哭了。我才知道他还有着表演的才能。

那次长谈，内容远不止这些，我笔拙，只能留下这些印迹。蒋力还不满四十五岁，前面的路还很长，我相信他会越走越好，他的一些尚未实现的梦想，都是可以实现的。我衷心地祝他好运。

二〇〇二年二月十六日

林叔叔

我久想写一篇文字，来纪念我的一个叔叔。他姓林，叫林昂声，是我小学同学的父亲，我认识他的时候，他已经是中国铁路文工团主管业务的副团长了。

他一直都很瘦，中等个儿，白净脸，蓄分头。有一只眼睛不大好，睁不大开，听说是年轻时骑马摔坏的，这对他端正的容貌造成了一些损害。

我认识他时，他也就三十五六岁，比我现在年轻得多，每天骑着自行车上下班，把家交给岳父和老母亲照顾。他的老母亲是山西定襄人，脸膛红润，和蔼可亲，极爱说话；岳父是湖南湘潭人，沉默寡言，没事就在沙发上看《参考消息》，看着看着就睡着了。他家的住房在当时是比较宽敞的，还装着一部电话机。我和同学在他家做功课，做完了就瞎折腾，捅过两回娄子，一回是把电话机摔坏了；一回是玩藏猫猫，几个同学异想天开，竟然躲进了衣柜里。摔电话的事他没有追究，藏到衣柜里不巧让他碰见了，很发了通火，还给老师写了封信。但他并没有因此中止我们去他家,后来也没再拿这件事敲打过我们。他的家始终是“对外开放”的,即使在他生病的晚年,任何熟人、朋友都可以随时去他家聊天、吃饭、打牌,甚至住上一晚。

他是老干部,“七七”事变后就参加了八路军。他哥哥比他入伍还早,已经当上了八路军排长,有一次和鬼子拼刺刀,不幸伤了腿,成了残废,只好复员回乡务农。他因为年幼,没有上火线,成了八路军的一名小宣传员,一来二去学了不少本事,干上了文艺这一行。他给部队写了不少鼓舞士气的歌,也演了不少戏。我看过他保存下来的一些剧照,演的都是反面人物,不是国民党军官,就是地主狗腿子,还在阿英的剧作《李闯王》中扮演过牛金星,阿英在一篇文章中还曾经提起过他。

解放后,他主要做领导工作,不怎么演戏,也不怎么作曲了。他购置了好多音乐、戏剧方面的书,装了好几个柜子,还买了一架钢琴。他的爱人是一位花腔女高音,跟他曾是同事,后来改了行,到一家大型国企去搞文化工作。有一天傍晚,我去他家找同学玩,一推门,被眼前的一幕“震”住了:暮色里,他坐在圆凳上弹钢琴,背对着房门,他的爱人坐在旁边的床上,一边给他钉黄呢子军大衣的扣子(这件军大衣好像是部队发给他的战利品),一边唱歌。屋里只亮着一盏台灯,灯光从绿色的灯罩

林叔叔和林阿姨

下散射出来，炉火愉快地跳闪着，歌声和琴声回旋荡漾。我不敢贸然闯入，更不敢发出声响，看了两眼，赶紧向后转，轻轻带上门，但这情景却深印在我的脑子里，至今难忘。那晚他们伴着炉火弹唱的，是当时刚刚唱开的歌剧《洪湖赤卫队》插曲《洪湖水，浪打浪》。

生活中的林叔叔不缺少情趣。许多年里，他曾经热衷于养热带鱼。他置备了一个那么大的玻璃鱼缸，足可以躺进个三岁小孩，下面是洁白的细沙、碧绿的水草，各种各样的“神仙”、“孔雀”、“蓝箭”……在里面遨游，漂亮极了。他还养了好几年虎皮鹦鹉，多的时候够十来只，在笼子里跳跃欢叫。读报、听电台的小说连续广播也是他的嗜好。离休后,他睡觉贪晚,有一段时间我借住他家,半夜了还听见他在沙发上一字一句地读报纸。他爱人不催他几回,他是不肯上床的。他更喜欢聊天,对政治和文艺发表看法,有些观点也许和年轻人不太合拍,但大伙尊敬他,唯唯点头,不跟他抬杠。他对党内的腐败现象有时持怀疑态度,不相信人会那么坏,他当领导时可不懂花天酒地、贪污受贿、鱼肉百姓那一套。他的三个孩子,有两个是工人,他想都没想过为他们托关系走后门,调换一下工作。

晚年他为肺气肿所苦,常年气喘,很少出门,电视成了他唯一解闷儿的伙伴。我去他家,看见他的时候不多,但电视声夹杂着连续不断的咳嗽声,从他的房间里传出来,偶尔还能听到打火机的声音。他抽了几十年烟,身体这么不好,也没有把烟戒掉。他爱人伺候他无微不至,一直反对他抽烟,他总是不听,直到病势加重,在医生的警告下,才不能不与香烟告别。他生命的最后两个月是在医院度过的,原说好我去看他,但家兄的突然亡故,使我陷入极度的悲痛中,没有看成。一两周后他也走了,享年七十五岁。未能向他作最后的告别,我一直深感不安。

我和林叔叔相识四十年,他看着我从小孩步入中年,我看着他从中年走向老年。我对他知之不深，但我知道他是一个为官清正、心地清白的好人。我愿写下对他的印象，并以这篇小文遥祭他的在天之灵。

二〇〇一年一月

思悠悠

一九八二年秋，年已七十五岁的父亲实在不堪忍受疝气的折磨，在同仁医院做了手术。术后，他高兴地对一直在外边等候的长子宗尧说："宗尧，明儿咱们天坛了！"大哥更是高兴，一个劲儿说："行，咱们天坛了，天坛了！"以后几天，大哥每晚都到医院陪侍父亲，父亲也一天好似一天。后来医院不让大哥陪住了，大哥听信了医生的话，以为父亲没事了，没有再去。可巧就是这天后半夜，父亲上厕所，突然中风昏倒，再没有醒来。那年的国庆节和中秋节是同一天，千家万户齐欢笑，可父亲就在这天走了。十月二日，我们埋葬了父亲，正准备离开，大哥忽然疯了似地扑到坟前，用头撞着潮湿的泥土，失声痛哭起来。他是在哭陪父亲游天坛的愿望成了泡影？还是在哭不该听信医生的话没有陪住？从这年起，我们兄弟三人，每个秋天都要到坟地给父亲游坟，请阿訇念经，往坟头上添几锹新土，以告慰先父的在天之灵。

万万没有想到，十六年后的一九九八年十二月二日，就在离父亲的老坟地不远的新坟地，我们又送走了另一位亲人——我最爱的大哥。那天天气奇冷，阳光暗淡。上午在南下坡清真寺的院子里举行了一个简单的告别仪式。按照伊斯兰教的习俗，不放哀乐，不摆花圈，大哥身上盖一块白布，平卧在绿色的“埋体匣子”里，上方悬挂着北京人艺送的一块蓝布幛子，上书“愿谭宗尧天堂有位”几个字。告别的人流缓缓移动着，许多人都哭了，他们跟我们一样，也不相信这是真的，一个正当盛年、活蹦乱跳的人，怎么说没就没了？告别的人中有他的同学、朋友、同事、同行、领导，许多面孔是我在舞台和银幕上见过的。太阳落山前，大哥归入了黄土，他的一生至此画上了句号。暮色笼罩了大地……

一

我在悲痛中沉静下来，与大哥有关的回忆却不断涌上心头。

大哥生于一九四四年，属猴，大我整整八岁，年龄的差异决定了他的玩伴不可能是我。加之他从中学到大学一直住校，后来我们又相继去外地，相继成家，几乎没有机会在一起生活，我对他的回忆只能是些零散的片断。

大哥是怎么迷上演戏的我不知道，我只知道他从小就有志

坐在首都剧场台阶上的谭宗尧　　　　　　　　姚敏苏摄

于当个演员，一直爱看话剧、电影，经常到青艺剧场、首都剧场门前等退票，说起电影和话剧演员来如数家珍，课余还看了许多戏剧表演方面的书。他小学三四年级在少年宫已开始业余演戏，在家免不了朗诵个寓言、笑话和诗什么的，如《猴吃西瓜》《狼和小羊》《渔夫和金鱼的故事》《苏联护照》等。他的朗诵很投入，声情并茂，家里只要有他，整个院子都是活跃的。长大后，他自然不再这么瞎玩，但有一次例外，是在解放军艺术学院毕业后赴新疆前夕，给院里的亲戚邻居唱了一段芭蕾舞剧《白毛女》中杨白劳的《漫天风雪一片白》。那年他二十四岁，嗓子厚实而洪亮。

大哥在"军艺"是个好学生，寒暑假回到家里也不睡懒觉，总是早早起床，到后院练台词。我家后院有五棵枣树，环境不错，他往树下一站，先吊吊嗓子，接着就是徐徐地朗诵四字成语，气走丹田，把每个字音送得越远越好。还有的时候，我见他伏案写作，神情专一，便知道他是在完成学校布置的小品作业。他和班上的同学关系很好，我们家常常是他和同学打牙祭的地方，一般隔几个星期，就要来几个同学，把自行车在院子里一支，嘴里叫着“伯母”，不是坐在屋里，就是站在院里说笑，母亲在厨房里忙着做饭，心里也很快活。大哥去世后，我又见到这些同学，想起这段往事，不禁百感丛生。

大哥到新疆是一九六八年，寄来的第一封信，曾特别提到乌鲁木齐的白杨树把城市装点得很绿，这话颇令我神往，以致留下了鲜明的印象。他后来在乌苏的独山子当兵，我则未与他商量，于次年春天去了内蒙古生产建设兵团。他得到消息后来信，责备我不该不听听他的意见(他不希望我离开父母身边)。他给我的信我一封也没保存，只记得他寄来过几张照片和一顶崭新的国防绿军帽。军帽我戴了没两天就丢了，照片放在钱包里，在一次浇地时，不小心也遗失了。他和嫂子在新疆待了一年，一九六九年复员回到北京。我一九七〇年开春第一次回家探亲，大哥曾约上他的同学，带我到北海公园玩过一回，还和怀孕的嫂子做东，请我在东来顺吃过一次涮羊肉（大哥喜食涮羊肉，后来在东来顺还请我吃过一次）。

一九七六年我病退回京，与大哥来往较多。这时他已是北京人艺的演员了，我在他家几次见到瘦小精干的董行佶（董行佶是一位优秀演员，在电影《廖仲恺》中因成功扮演廖仲恺，获第四届电影金鸡奖最佳男演员奖，尤长于朗诵，一九八三年弃世）。进入八十年代后，因为彼此都忙了起来，我们来往不那么勤了，可一年也要见几面（通常是我去剧院看他）。特别是过春节，总要围绕母亲聚会一次，吃一顿团圆饭。我们都很看重这个聚会，几天前就把日子定下来，然后殷殷地盼着。母亲看着儿孙满堂高兴，孩子们为能够得到压岁钱高兴，我以能够见到大哥、听他聊聊演戏的新鲜事高兴。而他总以一贯的随和谈笑，成为聚会的中心。这个习惯一直保持下来，成为了家中最具吸引力的一个节目。而今年春节，这个场景将不复存在，思之泫然。

一九九七年初夏，我和大哥都参加了北京市第六届文代会。他因为忙，只参加了开幕式就走了。记得开幕式后，全体代表到院子里和市领导合影，我俩站在一起，他笑得很开心。这是我俩多少年来第一次肩膀挨着肩膀照相。那年的国庆节，我们一家和二哥到他家看望母亲。吃过午饭，大哥见秋高气爽，提议出去走走。于是大家簇拥着母亲，先到紫竹院公园转了转，又开车到西来顺饭庄吃饭。饭后，到附近的五福茶艺馆喝茶，在雅洁的环境里欣赏茶艺，直坐到意兴阑珊才散。这是一次难忘的聚会，也是全家在一起最后一次出游。

我和大哥的最后一面，是去年国庆节他来我家探母。其时他正养病，气色不大好，说话声音发飘，缺少底气。我劝他慢慢调养，不要着急。那时我还天真地想，下次见面他会好起来的，我们还有数不尽的明天在，还有数不清的话题聊，万没想到这次见面竟成永诀。他这一去，留给我无尽的思念和遗憾，每一想起，喉头便觉哽塞。我有一肚子话窝在心里想跟他说，可是天人远隔，他又怎么能听得到呢？我只有徒呼奈何。

二

舞台上和影视中的大哥，倒仿佛是我更加熟悉的。

据我的粗略统计，大哥平生演了十部电影、十三部电视剧、三四十部话剧，还参演过不少广播剧。这个数字虽不惊人，但想到他只活了五十四岁，后来又在剧院担任领导职务，有许多日常事务要处理，也很不容易了。可以说演戏就是他的命，自干上这一行起，他就把自己和演戏紧紧绑在了一起。

不算少年时代，大哥公演的第一部话剧，是越战题材的《向北方》。那时他还在“军艺”上学，此剧是作为学员的汇报演出与观众见面的，时在他二十岁的一九六五年。演出地点在东单的青艺剧场，观众全满，我尽管到了剧场门口，但因为没票，没有看成，只在后来见到一张剧照，他扮演的男一号陆兹，正举起酒瓶向一个美军军官的头上砸去。他到人艺演的第一部戏是独幕剧《爆破之前》，他演老陈，只出场几分钟，几句台词，其中一句是：“这儿有个材料单，您给批一下。”他那时很瘦削，出场时穿一身劳动布工作服，蹬一双翻毛皮鞋，俨然是个青年工人。第一次在舞台上看见他，我有些激动，觉得他真了不起，能在大庭广众面前表演，自己脸上也觉得有光。这个感觉以后看他的戏时一直都有。

“文革”中人艺(那时改名叫北京话剧团)戏少，大哥的实践机会也少，叫我最难忘的，是他曾主演了独幕剧《主课》。这是一出反映知识青年上山下乡接受贫下中农再教育的戏。其时我正回北京探家，在前门小剧场看了这个戏的彩排。戏由董行佶导演，大哥演老支书韦春松，鹤发苍颜，一身农民打扮。戏里没几个角色，但红火热闹，演员又都认真，我很爱看。董导坐在前排，不时打断表演，说上两句。还记得大哥一边编筐一边说话一边哈哈大笑，神态爽朗得很。彩排结束时，夜已深了，我骑车回家，路上已经没什么人了。

粉碎“四人帮”后，人艺的戏多起来，大哥的实践机会也多了，在《向井冈》《针锋相对》《老师啊老师》等戏中相继扮演兵痞、老工人、教师等角色。这些角色戏份不多，却磨炼了他，为他日后挑大梁打下了基础。但进取之路是漫长的，要达到成功的彼岸，他还要经过B角的考验。他演过许多B角，如《蔡文姬》中的周进，《骆驼祥子》中的祥子，《雷雨》中的鲁大海。我看过他演的祥子，年龄合适，表演到位，非常合格。从这个角色中，我已经预感到他有一天会成气候的。

高行健、刘会远编剧的《绝对信号》，是大哥脱离B角之始。这大概是全国的第一部小剧场话剧，他在剧中扮演反面人物车匪。他演的车匪与众不同，偏于文弱，有书生气，但骨子里却阴险毒辣。大哥用形体表现列车的启动和行进，用眼神表现车匪的内心变化，很好地诠释了这个人物，赢得了观众赞誉，多少年后还有人不断提起。然而鲜为人知的是，大哥演《绝对信号》时，正是父亲动手术和病故时，他一天假也没请（如果请假，这个戏就得停演），照常演出。他心里乱，只好强忍着，演戏时一点也不能分神。他的心脏那段时间不大好，与这件事有关。以后，他在话剧《小井胡同》(饰石掌柜)、《狗儿爷涅槃》(饰苏连玉)、《夜店》(饰戏子)中都有上乘表现,他的名字开始为京城的话剧观众所熟知。

为他带来巨大声誉的,是何冀平编剧,夏淳、顾威导演的话剧《天下第一楼》。他扮演的主人公卢孟实倜傥不群、精明干练,是经营的干才,又是命途多舛的悲剧人物,大哥演来得心应手,极有层次,为中国话剧人物长廊又添一不朽形象。为此,他获得了戏剧梅花奖和文华奖。这个戏不仅在上海、天津、南京、台湾、香港演出,还到日本、韩国、新加坡等国家演出,均获成功。台湾一位女导演看了这个戏,特地邀请他和台湾艺人合作,赴台排演了曹禺名剧《北京人》,他演曾家的女婿江泰。这是大陆首位话剧演员赴台与台湾艺员合作演出话剧。

谭宗尧在话剧《天下第一楼》中饰卢孟实

《天下第一楼》的成功,使大哥名声大噪,他后来很少出演配角,成了人艺舞台上名副其实的台柱子。唐文山(《阮玲玉》)、曹丕(《天之骄子》)、李润五(《好人润五》)、老于头(《鱼人》)、金鹤鑫(《古玩》)、钱本初(《官兵拿贼》),这些艺术形象都极富光彩。他演的曹丕,既有飞扬跋扈的王者之气,又有儒雅风流的诗人气质,也不乏儿女情长,性格十分丰满,特别是对台词声调的处理更令人叹服。他演老于头是临时顶替的,也就排练了一个多星期就上台了,可并不显得夹生,准确地展现了这位养鱼的老把式朴实、豪放、怪僻的性格。大哥演戏很留意角色之间的差别,甲不同于乙,乙又不同于丙,一切从角色出发,不是一道汤,而且松弛,不做作,自具魅力。许多观众喜欢他,原因就在于此。

大哥演的第一部电影是《人·猴》,第一部电视剧是《秋声》。在中国、法国、加拿大合拍电影《白求恩,一个英雄的成长》中,他出演聂荣臻将军。我至今记得片中的一个镜头,他身着灰军装,打着绑腿,腰间挂着小手枪,从马上下来,甩着胳膊迈着大步潇洒地走上土坡,与前来迎接的白求恩大夫(加拿大著名影星唐纳德·萨瑟兰扮演)握手。为了影片的后期制作,他和中方导演王心刚、演员刘利年,还专程赴加拿大工作了一段时间,结识了不少中国留学生。此后,他在电视剧《戎冠秀》《百团大战》中继续扮演了聂司令,成了演聂荣臻的“专业户”。

《天下第一楼》剧照，右为谭宗尧饰演的卢孟实，左为吕中饰演的玉雏

在他演过的电视剧中，较有影响的角色还有《三国演义》中的司徒王允、《东周列国·春秋篇》中的秦穆公。一九九七至一九九八年，他参加拍摄了根据老舍小说《二马》和《离婚》改编的两部同名电视剧，且在《离婚》中扮演了主要角色张大哥。两部电视剧都在今年纪念老舍百年诞辰时公映，而他却再也看不到了，良可痛也。

我十岁起便崇拜家中这个搞文艺的大哥，他仁厚、宽容，我受益于他的地方颇多，通过他我才接触了戏剧，了解了人艺，也才知道了大哥所从事的事业的光荣。可以说，大哥给予我精神上的愉悦是没人能比的。而今，这些都已离我远去，能不黯然？

从大哥故去到我写这篇文章已几个月了，我的情绪一直没有恢复过来，天天都要无数次地想起他。每次想起，心里就疼。有两次，他还出现在我的梦里，依然那么英气勃勃，我高兴得一下醒了，却陷入了更深的悲痛中。

大哥来不及留下半句遗言就走了，走得太匆忙了。这个世界他牵挂的人和事不少，他必是一步一回首，走得不放心。他牵挂他所钟爱的剧院、他所钟爱的舞台、他所钟爱的家庭，一定更牵挂一对儿女和白发老母。大哥，你不必牵肠挂肚，你的儿女都大了，会照顾好自己；母亲有我们照顾，也会安度晚年的。以后，我们年年都会到你的坟上去看你，到父亲的坟上去看望父亲，你就放心吧。你只管安心走好，走好……

安息吧，大哥！

写于一九九九年初

附记：几年前，我从网上下载了一篇写家兄的文章《七年》。此文作者不详，从行文看已移居海外。文章应写于二〇〇五年十一月三十日家兄去世七周年之际，看得出他对尧兄是很推崇的。人艺有位老演员也跟我说过：你哥哥如果不死这么早，再过几年不是于是之也是童超。我深以他的话为然。他确实太可惜了。《七年》中说：人艺要重排《茶馆》，王利发的不二人选自然是老谭。此话不假。事实上他已经向于是之学了《茶馆》中王利发的整出戏，已是王利发的B角了，但一直没有得到上台演出的机会，只在苏叔阳编剧的话剧《太平湖》(一出描写老舍之死的戏)中饰演了王利发一角(《太平湖》中的王利发只是个配角)。他的王利发，形象、气质、台词都酷肖于是之。

父亲的“认罪书”

我又从书柜的底层找出了这只纸盒子。盒子不大，长约十五点五公分，宽约十公分，高约四公分。过去可能是用来盛中成药的，盒盖上渍了一层尘土，擦也擦不掉。这么普通的盒子，父亲当年很可能是顺手找了来，就把这堆纸片塞了进去，存了下来。父亲一九八二年中秋故去，家里原说这些东西没用了，打算处理掉，我看见了说：“千万别扔！”就拿了回来，放在了书柜里。

盒里装的是父亲晚年的病假条、中草药处方，还有一摞父亲写的“认罪书”。

父亲六十多岁起患冠心病，直到七十五岁去世，一直没有离开过药物和医院。他的合同医院是北京友谊医院，中草药处方全是这家医院开的，每张的上面还盖着“复康药店”的方形图章，显然是医院开出方子后，到外边药店抓的药。这也有个名目，叫“外购”。我记得我就到复康药店给父亲抓过好几回药。药店在前门外珠市口路东，离友谊医院不远。病假条则多是大栅栏地区防治院开的，内容不是“冠心病　休一周”，就是“冠心病　半休二周”。当年这个病困扰着父亲，使他不敢过劳，不敢出远门。他差不多每年都要住一两次院。后来医院给安装了日本进口的心脏起搏器，病情才稳定下来。

我这里要说的，是他的“认罪书”。

“认罪书”的名字是我起的，其实也可叫“检查”或“检讨书”。但“检讨”轻，“认罪”重，父亲为这事背了近三十年“包袱”，负担不可谓不重，叫“认罪书”似更恰当。

父亲犯了什么罪？——参加过国民党。

参加的经过，据父亲交代，大致是这样的：一九四八年五月，父亲到西长安街的一亩园宏记饭馆做二柜和账房先生。当时国民党政府已面临困境，到处抓兵抓伕，父亲上有老下有小，且自己年迈的母亲病重，万一被抓，一家生活成问题，就跟市党部一个吃饭的熟客叫朱博泉的说了，朱说加入国民党就不怕了，父亲就托他介绍，日子不多，党证就发下来了。同时加入的还有另外三人。虽说是“在党”了，但并未开过会，也没有过活动，只是一个证的关系。不久，北平和平解放，新中国成立，父亲心里害怕，把证烧了。从此背上了沉重的思想包袱。在声势浩大的“镇压反革命”运动中，他寝食不安，多次想向政府坦白，又怕被查处，进退两难，直到一九五三年底才横下一条心，到管段派出所登了记。派出所不久做出“一般历史问题”的结论，父亲才算踏实了些。但以后一有风吹草动，这颗心还会时不时地提起来。

父亲（坐者）年轻的时候

一九六六年闹“文革”，父亲在劫难逃，这事又被兜了出来。当时对他这样有“历史问题”的人有个说法，叫“国民党的残渣余孽”。这个罪名可不小，稍紧一紧，就可能被关进牛棚“专政”。父亲还算幸运，仗着人缘好，没有被关，仍可回家，但大字报、小字报、监督劳动、批斗会却不可免。再就是没完没了地写这种“认罪书”，在大会小会上念，上交给革命领导小组或革委会。一九六九年四月我离家去兵团，那以后的事不详，此前几年，确曾时常见父亲趴在家里那张八仙桌上写这种交代材料。他平素住单位，一周休息一天才回家，这样无休止地重复老一套，占去休息日好多时间，搁谁谁也烦，有一次他就让我代笔，我写完他再抄一份。那时我对写东西已有爱好，这事又不难办，我就成了父亲的“枪手”。他这样给我布置“任务”——

父：今儿有空再来一篇儿……

我：还写？

父：上边还要。

我：没完了？！

父：你把上回的找出来改改，添几句，再加段儿语录，挖深点儿……

我：行，那就写吧……

我就开始如法炮制。这让我想起小学五年级时做珠算题。我天生愚钝，算术不行，珠算更是一团糟，加减乘除全不会，口诀更不会运用，老师布置的作业完成不了，只好求助于父亲。父亲是和算盘打了一辈子交道的账房先生，珠算自然烂熟于心，在旁边一颗珠子一颗珠子地拨，边教我，边告诉我口诀，我照着记下来，作业才得以交卷。可以说，我的珠算完全是在父亲的帮助下才勉强学完的。想不到几年后，我会为他当“枪手”，回报他老人家。

父亲写了多少份“认罪书”，他自己也未必清楚。盒子里现存的十八份，是平反后单位退还的，实际肯定不止此数。父亲生命的一部分就消耗在这无意义的“忏悔”上了。“认罪书”一般由这么几部分组成：一、首先敬祝伟大领袖万寿无疆，敬祝林副统帅身体健康；二、再引用一段“最高指示”（通常是“这次无产阶级‘文化大革命’，对于巩固无产阶级专政、防止资本主义复辟、建设社会主义，是完全必要的，是非常及时的”）；三、接着叙述自己加入国民党的经过；四、上纲上线，狠批一通自己的反动思想，深挖根源；五、最后以“打倒”“万岁”之类的口号结束。五个部分的重点是第四部分，要毫不留情、深揭猛批，措辞要严厉，态度要坚决，把自己贬得越一钱不值越好，每次的用语还不能雷同，以免露出自我抄袭、应付差事的态度。我随便找出两份，以见一斑。一份是这么写的：“经过革命领导和革命群众热情的帮助，我领会到我所犯的错误是严重的，是路线错误，是很危险的错误，是不符合毛泽东思想的，是不符合革命群众利益的。我所庆幸的是解放得早，如若不然，不知道滑到什么地方去。革命群众对我启发批判，是对我负责任，我非常感谢红色政权领导和革命群众耐心的帮助。”一份这样写道：“由于我在旧社会犯了极严重的历史政治错误，希望革命领导和革命群众对我揭发和批判，这是完全必要的，也是完全应该的。如果革命领导和广大的革命群众不这样做，我就得不到应有的审查和深刻的教育，革命群众也不会谅解我。这次无产阶级‘文化大革命’使我认识到过去所犯的错误是严重的，是对不起党，对不起人民，更对不起伟大的毛主席。我衷心对党请罪，对广大革命群众请罪，更要对伟大的毛主席请罪……”话说到了这分上，真是不知道再怎么说好了，如果只有挖出心来才能表明自己的一片赤诚，我相信父亲也会毫不犹豫地这样做的。

我猜测，父亲肯定为加入国民党这回事千百次地感到过后悔——国军抓伕，他抓他的，哪儿就抓到我头上了，还没怎么着哪，自己先害怕，赶紧找个挡箭牌，是不是谨慎过头了？当初要是不加入，也不会有什么事——他老人家很可能不止一次这么想过。可父亲就是这么个人，思虑过多，过于胆小，他绝想不到会为此担惊受怕半辈子。我的性格跟父亲也有点像，心太重，有时为一点小事，能半宿半宿睡不着。可在外人看来，还以为我这人嘻嘻哈哈的，挺开朗。这不过是一种现象掩盖了另一种现象。

话又说回来，父亲加入国民党，也有其合理性。那时父亲家住通州，在北京城里上班，每次回家或进城，单程要走四十里。这四十里地不像现在这么车水马龙，都是荒郊野外，人烟稀少，若是碰上国民党抓丁抓伕，肯定是“秀才遇见兵，有理说不清”，人给带走了，连个下落都无人知晓。身上揣个“党证”，就有了护身符，不信你们这帮兔崽子不给面子。此举多少有未雨绸缪的意思。只是这个“雨”一直没下，若下了，也很难说是多此一举。

不管怎么样，所幸的是，他老人家总算活着看到自己“没事”了，而且还有余暇亲手把这些纸片保存下来。他当时为什么没把这些东西烧掉，肯定自有考虑。现在看，这些东西真留对了，成为了我家的“一级文物”。四十年光阴飞度，而今这些纸片已经发黄，但字迹还很清晰。这堆纸片中，还有父亲写的简历、父亲退休后根据记忆写的菜名（有厚厚一叠，许多菜名是我闻所未闻的）。他十四岁（一九二一年）就到庆宴楼饭庄学徒，在餐饮业干了一辈子，经历了好几个有名的清真饭庄，一直当“巡堂”的二柜兼记账，与京华著名的回族厨师储连祥同事，与马连良、张恨水、陈慎言等名伶、作家、报人相熟，可谓见多识广。可惜，我从来没有好好听他讲过这些。只有家兄宗尧上世纪八十年代初准备在话剧《小井胡同》中出演石掌柜，曾向他请教过老北京面铺掌柜的穿什么戴什么、说话行事什么样，他很仔细地说给自己的大儿子听，神情颇有些兴奋。他一肚子的货色就这么带走了，是一个不小的损失。

二〇一〇年十一月二十八日

附记：听母亲说，父亲是个很有能耐的人，新中国成立前，许多回族人家婚丧嫁娶，都请父亲帮着操办，他懂得所有的规矩礼数，有了他，主人心里就踏实了。

父亲还会用大红绸子扎绣球，毛笔字也写得好。“文革”中我家院门上贴的对联，多是他写的。

父亲脑子好，记电话号码堪称一绝，凡有用的电话号码，包括我们这几个孩子单位的电话号码，全在他脑子里，他打电话，从来不用翻本现查。

又听表哥说——表哥大我二十多岁，跟父亲学过徒——父亲当二柜时，饭馆进货都要经他过目，羊是口里的口外的，莲子、鱼虾是哪儿产的，东西地道不地道，一看便知，没有什么能瞒过他的眼睛。所以掌柜的根本不用来，全由他当家。

父亲至孝。奶奶当时得的是绝症，子宫里长了个瘤子，已经不能手术，在北京住了一段院，人不行了，要送回家，父亲花钱雇了副担架，把奶奶抬回通州城里老家（坐汽车、三轮怕把瘤子颠破）。四五十里地，父亲始终在旁照料，跟着走回家。

父亲七十五岁做疝气手术，术后五天，突然中风昏迷，十天后去世，那天正是国庆中秋双节。父亲咽气时，我就在身边，他平静地离世，没有任何痛苦。

二〇一五年一月十日

后 记

从历年写人的文字中，选出一部分，编成这个集子。书名《文人影》，别无深意，只是意在说明，书中所写的人，不论其从事的是何种职业，也不论其知名度大小，都是文化人，为他们留下的剪影，自然可称“文人影”了。

不用抱怨自己写得太少，鲁迅翁早就说过：“写不出的时候不硬写。”该抱怨的是没有写好，文字大都平平，怎么摆弄都跟自己的预期差一截儿。说了归齐，还是才分不逮使然，不是废寝忘食成天坐在电脑前玩儿命用功就能达到的。

起手编此集时，天气还冷，当时写了这么一段话：“窗外已是二月天，在没有雾霾和扬沙的日子里，从十一层楼上抬眼望去，京城倒也春和景明。可房间里冷得要命，暖气早就停了，毛衣却下不了身，外边还要套一件棉坎肩儿。奇的是，养的几盆花倒都耐寒，全都绿生生的挺精神，蟹爪莲竟然还开出了一朵粉红的小花，娇嫩得像用绢做出来的，一碰就要掉落的样子。怜此不觉技痒，想把它画下来，留个纪念，可笔一落在纸上，就觉得不行，逮不着那股子劲儿，画是画完了，却恨不得马上撕掉。”光阴荏苒，离画花儿才两个月不到，现在却须穿短裤和 T 恤衫了，人怎么能老得不快呀。

瞧，一不留神，又说到了老。确实是老了，倏忽过六十，老年心态毕现，对什么都乏兴趣：书不买了，除非上外地，北京哪儿都不想去，怕雾霾，怕人多，怕挤车，怕乱，怕吵，怕满街的狗，怕满地的狗屎垃圾……心里老犯别扭。那天偶读明儒张大复的《梅花草堂笔谈》，一篇《此坐》颇合我心：“一鸠呼雨，修篁静立。茗碗时供，野芳暗度。又有两鸟咿嚶林外，均节天成。童子倚炉触屏，忽鼾忽止。念既虚闲，室复幽旷。无事此坐，长如小年。”短短五十四个字，传达出了幽极静极的况味。然也只能神往之，此身既无那样的环境，又无那样的心境，实实做不到。能做到的，只有坐儿子儿媳的车出去转转吃顿饭；和一帮年轻的朋友聚聚聊聊；再就是找个有风景的地方租间房，自己开伙，一事不做，住上个把月，来个彻底放空。

更多的时候，是把自己关在家里，看看书，上上微博和邮箱，到布衣书局网站溜达溜达，享受独处之乐。晚上，电视基本被老伴把持，她是韩剧粉丝，只要有韩国老娘们儿在里面搅和的戏就爱看。我则在电脑前，看外国老电影或国产老电影消磨时间。

那天听说德国有个二战片《我们的父辈》不错,共三集,从头看到尾,坐得腰直疼,果然是好,战争改变了五个朋友的命运,残酷而真实,打死我们的导演也拍不出来。一天就这么打发了。只在必要时才出门,主要是去单位拿拿邮件,跟同事聊聊天,一般中午去,下午四五点钟回,吃完饭又坐在电脑前。

这个集子就是在这样的状态下编成的。编成后踌躇了一些时日,才鼓起勇气与《开卷》的董宁文联系,希望能够加入由他主持的"开卷书坊"(我对"开卷书坊"心窃慕之,很想自己的书也能忝列其间,但一直未敢启齿)。不想私衷表达后,宁文兄让我将个人简历、书的简介和样稿传给他,这燃起了我的希望之火,赶紧照办。第三天就得通知,书稿已接受,让我再准备二三十幅照片,以备使用。如此复杂的一件事,三日之内便见分晓,可见宁文兄的办事效率,难怪他在编刊编书上能取得偌大成就。

近五十篇文章,大体按三部分先后编次:第一部分文学,第二部分艺术,第三部分文朋亲友。划分并不严格,大体而已。有的人写过几篇(如袁鹰、张中行、严文井、王世襄、梁树年),但受篇幅所限,也只取了一篇。重读这些文章(特别是早年文章),不禁连连叹息。所叹者何?还是那个"老"字。"人生易老天难老”，落花有意，流水无情，任谁也不能留住年华，留住时光。

最后，对宁文兄为本书的出版所做的努力；对孙郁先生同意我使用他的文章做本书代序；对传友兄为本书提供了多幅照片；对责编吕荣莉女士为本书付出的劳动，谨表衷心的感谢！

二〇一五年六月三日初稿

二〇一五年十二月十二日再改

开·卷·书·坊（第一辑）

开卷闲话六编·（子聪）
我的歌台文坛·（宋词）
纸醉书迷·（张国功）
书林物语·（沈津）
条畅小集·（严晓星）
书虫日记二集·（彭国梁）
劫后书忆·（躲斋）
寻我旧梦·（鲲西）

开·卷·书·坊（第二辑）

开卷闲话七编·（子聪）
旧书的底蕴·（韦泱）
听雪集·（许宏泉）
榗柿楼杂稿·（扬之水）
笔记·（沈胜衣）
邃谷序评·（来新夏）
我来晴好·（范笑我）
难忘王府井·（姜德明）
读书抽茧录·（桑农）
旧书陈香·（徐雁）
书虫日记三集·（彭国梁）
书虫日记四集·（彭国梁）

开·卷·书·坊（第三辑）

一些书　一些人·（子张）
开卷闲话八编·（子聪）
书缘深深深几许·（毛乐耕）
西窗看花漫笔·（李文俊）
我之所思·（刘绪源）
自画像·（陈子善）
待漏轩文存·（吴奔星）
文人·（周立民）
左右左·（锺叔河）
温暖的书缘·（徐鲁）

开·卷·书·坊（第四辑）

开卷闲话九编·（子聪）
文坛逸话·（石湾）
渊研楼杂忆·（汤炳正）
转益多师·（陈尚君）
退密文存·（周退密）
回忆中的师友群像·（钱伯城）
旧日文事·（龚明德）

开·卷·书·坊（第五辑）

开卷闲话十编·（子聪）
怀土小集·（王稼句）
雨脚集·（止庵）
云影·（吴钧陶）
白与黄·（张叹凤）
拙斋书话·（高克勤）
北京往日抄·（谢其章）
文人影·（谭宗远）